ALBERTO

Vorbind cu Dumnezeu

volumul I

Truth and Healing

Descrierea CIP a Bibliotecii Naţionale a României
BACOI, ALBERTO
    Vorbind cu Dumnezeu / Alberto Bacoi. - Ed. a 2-a, rev.
- Bucureşti : Smart Publishing, 2017
    3 vol.
    ISBN 978-606-8823-64-5
    Vol. 1 : Truth and Healing. - 2017. - ISBN 978-606-8823-65-2

821.135.1

Editura Smart Publishing nu îşi asumă
răspunderea pentru conţinut.

Smart Publishing publică, promovează şi distribuie
cărţile autorilor români de pretutindeni. Orice autor
român care publică la Smart Publishing îşi poate vedea
cartea în librării în 30 de zile sau mai puţin.

Contact: office@smart-publishing.ro
Comenzi pentru cititori, librării, biblioteci
şi depozite de carte: 0731.057.359 şi
office@smart-publishing.ro

Află mai multe pe
www.smart-publishing.ro

*Dacă vrei să Mă auzi imaginează-ți ce crezi
tu că ți-aș spune dacă M-ai putea auzi*

Cuvânt de început

Această carte este dedicată celui care a cunoscut suferinţa în cea mai sumbră şi înfiorătoare formă a ei, omul alături de care am suferit, care m-a învăţat ce înseamnă tristeţea, dorul, eşecul, izolarea şi singurătatea. Un suflet atât de mic care a învins cu uşurinţă o forţă atât de mare. El a ales în mod conştient să atragă suferinţa asupra sufletului propriu, a devenit suferinţa însăşi şi a creat-o continuu în jurul lui, scopul fiind acela de a demonstra celorlalţi un lucru esenţial: nu există suferinţă şi niciodată nu a existat aşa ceva, ceea ce trăim este o iluzie a separării, a uitării şi inevitabil a durerii. În realitate însă tot, absolut tot ceea ce există este doar iubire, iubirea de tot, iubirea de sine şi de ceilalţi.

O nouă viaţă s-a născut, o nouă formă cu o nouă conştiinţă, căci ceaţa a trecut. Vârfurile brazilor s-au făcut văzute iar brazii au strigat spre cer, soarele i-a ascultat şi a răsărit din nou pentru oameni. Văd dragostea care s-a strâns într-o inimă de om, care a fost împrăştiată mai târziu în toţi şi în toate lucrurile.

Bucuraţi-vă, căci trupurile v-au fost schimbate. Desăvârşirea omului se produce în trup nu în afara lui, ascensiunea spirituală se desfăşoară preţuindu-ţi corpul, nu negându-l sau blamându-l, nu pedepsindul sau înfometându-l, ci iubindu-l aşa cum cinsteşti cele trei părţi care îţi alcătuiesc fiinţa.

Omule, ceva s-a rupt în interiorul tău din pricina suferinţei care te-a apăsat, de aceea ai venit aici. Un spirit luminos va căuta adevărul deoarece are nevoie să se hrănească, unul care şi-a creat o identitate falsă va fi atras de un alt sine fals, mai mare sau mai complex decât el şi prin el va dori să se împlinească. Însă nu va înflori, goliciunea i se va adânci şi se va prăbuşi. Când te detaşezi de identitatea provizorie şi te uneşti cu întregul suferinţa dispare.

Priveşte păsările care zboară în stoluri seara la asfinţit. Ele nu mai sunt guvernate de nimeni, iar pacea şi libertatea îţi sunt transmise şi ţie. Dumnezeu mişcă lumea, iar materia se supune Spiritului care o mişcă. Unele forme pleacă, altele vin, dar aceasta nu ar trebui să te sperie totuşi. E ceva tragic faptul că frunzele unui copac se scutură toamna, că apoi se usucă şi se întorc în pământ? Nu, nu este o dramă, este un proces natural prin care materia este împrospătată constant. Chiar şi o parte din tine moare în timp ce trăieşti. Firea umană este îndepărtată subtil atunci când cerescul este sădit în inima ta. Te-ai născut ca să iubeşti, distrugându-te te construieşti.

Exact aşa cum în interior vei găsi o sursă de energie de care să te foloseşti ca să mergi înainte şi în exterior vei găsi o soluţie pentru orice problemă pe care o vei întâmpina. Aşa funcţionează viaţa. Dacă m-ar întreba cineva ce am învăţat câtă vreme am trăit ca om pe Pământ, i-aş răspunde că am învăţat să mă ridic de ori de câte ori am căzut şi am rămas în picioare până la sfârşit.

Citind seria „Vorbind cu Dumnezeu" rămâi fără cuvinte, apoi se limpezesc apele şi devii tu însuţi gânditorul, personajul căruia i se adresează în scris Dumnezeu. Iar tipul de gândire pe care ţi-l dezvolţi reprezintă viitorul. Dragostea va rămâne singura noastră soluţie, ura şi obscuritatea nu au adus niciodată pacea, frumosul.

Când eram copil eu eram din cale afară de ordonat, aranjam toate lucrurile, împăturam cu atenţie hainele sau curăţam fiecare colţişor cu periuţa, ca atunci când mă va vizita cineva să îşi facă o impresie bună. Eram tot timpul pregătit dar nimeni nu venea, iar cu trecerea timpului mi-am dat seama că pe nimeni nu interesa şi nu am mai făcut nimic. Mai târziu am înţeles că ordinea în suflet şi în minte o faci pentru tine.

Tu iubeşte viaţa aşa cum este şi accept-o în toate aspectele ei. Atunci când viaţa pare cenuşie realizează că rădăcina nefericirii tale se ascunde în faptul că trăieşti altfel şi că tiparul instalat în mintea ta diferă de felul în care decurg în realitate lucrurile. Cercetează şi vei vedea că mintea ţi-a fost formată în aşa fel încât să tânjeşti după o fericire materială care nu poate fi atinsă, din cauză că nu există aşa ceva, dar prin această idee cei care ţi-au promis-o te pot controla. Împlinirea în realitatea exterioară nu se produce până nu găseşti cheia interioară.

Individualitatea izvorâtă din unicitatea fiinţei care eşti te face diferit, nu cea prin care se manifestă egoul care îi face pe toţi la fel. În dimensiunea corpului tău interior eşti frumos şi bun şi din cale afară de luminos. Fără tine nimic nu poate fi, fără tine nimic nu este, căci în esenţă tu eşti tot ceea ce există şi a fost creat. Cu toate acestea fără iluzie nu ai fi căutat adevărul, fără separare nu ai mai fi sărbătorit unirea. Aşadar caută-L pe Dumnezeu în tot ca să fii tu peste tot. Mesajul a fost scris pentru cei ce vor fi după cel care a fost.

Introducere

Ne aflăm la început de primăvară, anul este 2012. Pământul se pregăteşte pentru o schimbare, Universul se află într-un proces continuu de dilatare a conştienţei şi a materiei. Toţi se întreabă ce se va schimba, aşteptând nerăbdători să se întâmple ceva. Cu adevărat că se va întâmpla ceva, se va întâmpla ceva neobişnuit şi de necrezut. Se va schimba percepţia realităţii, viziunea şi sistemul de gândire al întregii umanităţi. Ştiu, „aşa ceva nu este posibil" spuneţi voi, „lumea aceasta nu se poate schimba în bine" gândiţi şi credeţi că nimeni nu deţine puterea să o facă, însă nici nu trebuie. Lumea nu trebuie schimbată, ci lăsată în urmă.

Lumea noastră este perfectă, nimic nu trebuie schimbat la ea. Totul se învârte într-un ciclu perfect, fără a se îndrepta către un sfârşit, repet, fără a exista imperfecţiune înăuntrul ei. Am să vă explic cum, însă o pot face numai dacă vreţi, dacă vreţi să aflaţi cine sunteţi sau cine alegeţi voi să deveniţi în fiecare secundă a vieţii. *Şi nu trebuie nici să mă credeţi pe cuvânt. Scopul acestui volum nu urmăreşte să mă credeţi pe cuvânt, nici să transformăm adevărul imuabil într-o sursă de câştig.*

Aceasta nu este doar o lecţie de filosofie, ci şi o antrenantă a minţii împotriva inerţiei inevitabile şi copleşitoare a tot ceea ce este promovat, ca mai târziu să poată fi digerată de către minţile maselor receptoare. Sunt onorat să vă prezint o călătorie spirituală diferită, inovatoare şi evolutivă, supusă în mod continuu unei examinări amănunţite mulţumită dozei de scepticism pe care am dobândit-o trăind în lumea de jos. Toţi cei care au coborât această lume plasând-o acolo unde se află acum au făcut-o inconştienţi, crezând că fac un bine altora ori că lucrează pentru binele lor. Ei au văzut lumea iar aceasta este lumea aşa cum au văzut-o ei, una bolnavă, stearpă, fără şansă pentru viitor.

Poziţia curentă privind vibraţia scăzută a planetei nu trebuie privită nici ca pe ceva incorect. Fără ei, probabil, nu am fi ajuns niciodată până aici. *Din acest motiv cred cu tărie că am trăit cea mai potrivită experienţă.* Este însă timpul să căutăm mai adânc în abisul adevărului, apoi să îi înțelegem nemărginirea absolută. Vă voi explica, așa cum am mai spus, dacă vreți.

„Vorbind cu Dumnezeu" dezvoltă un dialog unic și o analiză proprie privind perspectiva realității a tot ceea ce ne înconjoară. Ascultarea sufletului și descoperirea sinelui se bazează în totalitate pe experiență și pe credință. Aceasta poate dezvolta puteri supranaturale, poate determina fructificarea cunoștințelor asupra întregului, diferențierea relațiilor bivalente, autocontrolul, descoperirea Universului și dilatarea lui până la infinit. Poate descoperi interpretarea Vocii (Voinței) Creatorului, manifestată prin conștiența creației Lui.

Creatorul a tot ceea ce există, ce noi am numit într-un cuvânt Dumnezeu, Se manifestă prin fiecare dintre noi, în fiecare dintre creaturile Sale, noi trebuie doar să ascultăm. Prin aceste mesaje dorește a Se face descoperit, nicidecum a impune ori a cere ceva creației. Creatorul ni Se descoperă prin lucrarea Lui, iar noi lucrarea Lui ne descoperim pe noi înșine ca ființe individuale prin El.

Autocontrolul, adică stăpânirea de sine, îmbunătățește rapid rezultatele experiențelor vieții noastre actuale, fie ele de natură spirituală sau materială și dezvoltă o inter-relație între toți participanții acestui proces prin care Creatorul a făurit totul din nimic și l-a transformat în Însuși Dumnezeu.

Da, v-aș putea spune că mă aflu la început de drum, aș putea spune că mi s-a dictat să vă transmit acest material sau aș putea spune că este unul divin, însă și voi ați putea crede despre mine că sunt doar un impostor. Tot ce pot să vă spun acum este că nimic nu mă va opri, sunt pe drumul cel bun, cu toții suntem și nu ne va opri nimic din a evolua.

Îndemnurile căutărilor mele începeau a îmi șopti în urmă cu trei ani, prin experiență, faptul că nu sunt singur, că am un scop și o responsabilitate. Cu toate acestea, nu am fost obligat să fac nimic, ci doar să trăiesc, să primesc sau să fiu iubit. De atunci și până astăzi sunt iubit în mod necondiționat fără a conștientiza ori a merita măcar acest lucru. Noi toți suntem condamnați la o iubire necondiționată, cea a Creatorului nostru, fără judecată și etichetare, fără condamnare.

Scrierile au început în urmă cu un an, în 20 aprilie 2012 și au fost finalizate chiar la data la care mi s-a dictat că se vor termina. Redactarea cuvintelor și a frazelor care mi-au răsunat insistent în subconștient a fost selectată cu atenție, folosind fonturi italice, cu scopul de a nu produce confuzii. E drept că mi-am pus amprenta pe text modelând expresiile folosind cuvinte neșlefuite, găsite în vocabularul meu sărac, lipsite de formă artistică literară, de acea frumuseţe aparentă care te determină să dai valoare unui conţinut lipsit de utilitate şi esenţă. Adevărul şi simplitatea merg laolaltă. Completările subiectelor dezvoltate încă de la începutul dialogului mi-au apărut în minte abia la sfârşitul scrierilor. *În felul acesta de fiecare dată când doream să adaug o completare cartea se deschidea la pagina unde urma să introduc textul. Iar fără să îmi dau seama mi se dicta conform unui şablon divin din care nu putea să lipsească niciun cuvânt pe care mintea mea îl putea omite sau pe care nu era încă pregătită să îl recunoască.*

Dezvoltându-mi abilitatea scrierii prin channeling s-au născut cele 900 de pagini ale dialogului. Toţi cei cu care am împărtăşit această colecţie de cuvinte vii au fost impresionaţi, au negat că eu aş fi autorul şi au recunoscut îmbunătăţirea vizibilă a percepţiei asupra vieţilor lor.

Ceea ce vei citi în această carte nu este ceva nou pentru tine, e ceva ce a existat întotdeauna în interiorul tău dar nu a fost lăsat să iasă afară. Realitatea exterioară a fost lăsată pe mâna aspectelor duhurilor care şi-au proiectat abilităţile mentale în planurile materiale inferioare. Şi astfel legea scrisă a căzut pe mâna formelor iar formele au ajuns să se autodistrugă. Ceea ce vei descoperi în interiorul tău parcurgând conţinutul este Conştienţa nemanifestată a Începătorului, extrasă dar din mintea ta cu scopul de a Îşi încheia acum lucrarea aşa cum a promis.

Citind această introducere ai gândit că sunt nebun, te simt, şi îţi dau dreptate. Permite-mi să menţionez ceva înainte de a lăsa cartea din mână ca să îţi continui viaţa. Atâta vreme cât am fost normal din punct de vedere social nu m-a văzut şi auzit nimeni, ba chiar lumea mi-a închis toate uşile cu ignoranţa sau batjocura încât am fost pe punctul să închei socotelile cu viaţa ca şi cum nu aş fi trăit niciodată. Spre deosebire de înainte astăzi sunt natural din punct de vedere divin-primordial iar în ceea ce priveşte viaţa şi realizările mele lucrurile stau cu totul diferit. Din acest motiv nu mi-aş da nici pe şapte miliarde de minţi „lucide" nebunia. Ura normală răceşte dragostea naturală, atunci omul moare şi nu ştie.

Când recomanzi materialele mele nu mă ajuţi pe mine, nu te ajuţi pe tine, îi ajuţi pe cei ce au nevoie de ajutor şi nu ştiu unde să îl caute.

Alberto Bacoi,
Bucureşti, România,
Aprilie 2013.

CAPITOLUL I

Ți-ai imaginat vreodată cum ar fi dacă L-ai întâlni pe Dumnezeu, Sursa, Creatorul lumilor sau a tot ceea ce există? Cum te-ar privi sau ce ți-ar vorbi? Oare ce atitudine ar aborda față de tine și cum ar răspunde în fața tuturor întrebărilor ori provocărilor tale?

Dacă ar exista o Ființă atotputernică S-ar coborî la tine ca să îți vorbească? Dacă Dumnezeu ar exista ce ți-ar răspunde, tu ce L-ai întreba? Cum ar justifica tot ce este rău sau cum ne putem numi ființe asemănătoare Lui atâta vreme cât suntem cu toții răi?

Care este planul divin pe care nici marii savanți ai lumii nu l-au putut înțelege în întreaga istorie a vieții pe Pământ? De ce ne naștem și de ce murim? De ce nu știm cine suntem? De ce suntem nevoiți să suferim, de ce ne tot rănim și ne doare atunci când ne lovim? De unde venim și unde ne întoarcem? Care e scopul unei vieți de om, dar al celei animale? De ce ne înmulțim la nesfârșit, dacă nu vom mai avea loc pe planetă ori se vor termina resursele de hrană? Ți-au trecut vreodată prin minte toate acestea?

De ce procrearea se face prin sex, prin modul acesta plăcut dar veșnic interzis? Care a fost motivul pentru care am fost înzestrați cu gen, sexualitate și instincte, doar ca să fim ispitiți și apoi pedepsiți? Cine a spus că sexul este interzis, Dumnezeu?

Aceasta în niciun caz.

Cine și-a însușit autoritatea pentru a vorbi în Numele Lui? De ce circulă atâtea informații false și zvonuri despre sfârșitul lumii? Cine a scris Biblia ori de ce a făcut-o? Ce ar fi bine să înțeleg eu dintr-o viață chinuită, trăită în vicisitudine, în care îndrumătorii au dovedit că nu înțeleg nici ei ce încearcă altora să explice?

Cine este omul și cine este Dumnezeu? Dumnezeu este, fără îndoială, de noi nu m-am convins încă în totalitate că existăm. Ah, aici era invers, cel puțin așa credem.

În viața trăită pe Pământ omul este nevoit să sufere, Creatorul lui, în schimb, nu suferă. Prin urmare, Creatorul nu există. Dar eu exist și totuși nu îmi amintesc să mă fi creat de unul singur.

„Revino cu picioarele pe pământ, mama ta ţi-a oferit viaţa", aşa mi-au spus toţi oamenii. Dar mama nu mă poate vindeca nici atunci când sunt răcit, sunt nevoit să aştept să îmi treacă. Mama nu îmi poate lua usturimea atunci când mă frig la un deget şi nu îi poate aduce pe cei dragi înapoi la mine.

„Dar ea este cea care te-a născut". Prostii! Mama nu a ştiut nici dacă va naşte băiat ori dacă va naşte fetiţă, am fost o surpriză pentru ea. Cine m-a trimis ei ca să mă nască, barza?

Barza.

Scriam aceste întrebări pe carneţelul pe care îl cumpărasem ca să îmi notez parola de la noua adresă de e-mail. Scriam plângând, strigam în mintea mea. Eram supărat pe tot, mâniat, gata să trântesc orice sau să lovesc pe oricine. Întrebam Universul, Îl întrebam pe Dumnezeu, dar la un moment dat mi-am dat seama că mă întreb de fapt pe mine. Cu toate acestea eu nu aş putea să răspund vreodată la astfel de întrebări.

În regulă, se pare că am scris introducerea în mai puţin de un sfert de oră. Mă numesc Alberto, sunt onorat să vă cunosc şi să mă cunoaşteţi, mă înclin înaintea voastră şi vă stimez, vă iubesc. Simt deja nevoia să iau o pauză şi recunosc faptul că habar nu am ce scriu, de ce scriu şi ce m-a apucat. Mai bine aş lăsa stiloul pe birou ca să mă pregătesc să plec la serviciu, căci am o groază de temeri, griji şi responsabilităţi.

Mai observ faptul că de fiecare dată când îmi exprim o idee revin cu argumente împotriva ei. E clar, am început să aud voci, sunt pe drumul cel nebun aţi crede majoritatea.

Mi-l amintesc pe tata zicându-mi în urmă cu vreo treisprezece ani că a auzit o voce care îi vorbea, dar nu a reuşit să înţeleagă prea multe. Vocea era distorsionată din cauza bolii care l-a chinuit aproape cincisprezece ani, schizofrenie paranoidă, ori vocea care îi vorbea era chiar rezultatul bolii? Un lucru este cert, el a înţeles atât cât a trebuit să înţeleagă.

A înţeles atât cât i-a fost necesar să înţeleagă.

Poftim, tocmai despre ce vorbeam, câteodată simt nevoia să scriu de două ori acelaşi lucru! Dar de cele mai multe ori ceea ce scriu a doua oară se schimbă faţă de ce am dorit să scriu la început. Este ca şi cum aş vorbi cu altă persoană.

Poate voi reuşi să scriu o carte sau poate nu voi reuşi. Vedeţi voi, există doar două variante, „a scrie" sau „a nu scrie". Aceasta înseamnă că ar trebui să fie foarte uşor, iar viaţa s-ar dovedi a fi doar o dihotomie a adevărului, dependentă de relativitate, una în interiorul căreia cu toţii ne derulăm existenţa.

Conştientizarea dialogului

De ce nu scrii, nu ai obosit să trăieşti în felul acesta? Pentru ce nu scrii? Ce ai de gând să faci cu viaţa ta?

Poftim?

Vrei să afli răspunsul tuturor întrebărilor care te frământă? Pe cine iubeşti, ce te răneşte?

Ce?

Cine eşti, care este destinaţia finală a realităţii tale?

Cine-i acolo?

Cine-i acolo?

Cine vorbeşte?

Eu.

Care Eu?

Exact, tu.

Nu ai obosit să rătăceşti în felul acesta prin viaţa ta? Vrei să afli care este remediul tuturor problemelor voastre? *Unul singur, remediul a fost şi va rămâne dragostea.*

Nu înţeleg.

Vei înţelege.

Tu, eşti eu?

Eu sunt tu şi tot ceea ce ştii că este.

Cum poţi fi?

Pur şi simplu sunt.

Cum ai devenit ceea ce eşti?

Eu sunt.

Acestea au fost primele clipe care m-au determinat să conştientizez că port o discuţie şi că dezvolt un dialog cu mine însumi. Mai mult, ceva m-a împins şi să notez ceea ce întrebam sau ceea ce îmi răspundeam. După câteva zile Vocea pe care o auzeam cu urechile sub formă de vibraţie S-a stabilit înăuntrul minţii mele, apoi eu am devenit Vocea. Atunci am înţeles că la început vorbeşte inima, apoi ea intră în mintea ta şi împreună deveniţi una.

Aşa m-am gândit să scriu o carte, poate va fi cineva interesat să o citească. Deocamdată habar nu am ce va conține și nici cum să o numesc. Oare *Dialog cu mine însumi, Dialog cu Dumnezeu* ori „*Conversații cu Dumnezeu*"? La naiba, cea din urmă denumire a fost folosită deja de alt autor. Iar în felul acesta, dragi cititori și buni prieteni, în primăvara anului 2012 urma să fie însămânțată pe Pământ seria „Vorbind cu Dumnezeu", revelarea vieții eterne. Și am întrebat:

Care este scopul viziunilor și al vizitelor Tale?

Faptul că Duhul Meu îți descoperă imagini, viziuni și vise, te ajută să îți recâștigi încrederea și să îți dezvolți înțelepciunea.

De ce nu pot rezista prezenței Tale, iar inima mea este de fiecare dată la un pas să cedeze?

Dacă nu rezistai nu Îmi mai puteai adresa această întrebare. Faptul că ai rezistat se datorează puterii pe care ți-am dat-o Eu ca să reziști.

De ce mi-e frică?

Ți-e teamă pentru că te afli încă în trup, *iar trupul tău fizic nu poate rezista în prezența ființelor veșnic vii*, nici în prezența energiilor spirituale ale celei mai înalte dimensiuni.

De ce mă chinuiești atât?

Nu te chinuiesc, ci este un privilegiu pentru tine faptul că Mă adresez ție.

De ce îmi vine să plâng atunci când iau legătura cu Tine?

Fiindcă în prezența strălucirii Mele *îți amintești cine ești tu cu adevărat.* Iar lacrimile tale de vinovăție și tristețe sunt lacrimile dorului de casă, cea după care tânjește sufletul tău. E dorul de Împărăția Mea de unde ai plecat și unde te vei întoarce.

Ce semnificație deține ultima viziune avută, faptul că am văzut luna strălucind în lumina zilei asemeni soarelui?

Aceasta arată că ți s-a dat a îți fi descoperită o mică parte din strălucirea impresionantă a luminii Mele. Așadar, *tu reușești să vezi nevăzutul iar Dumnezeu poate vorbi prin tine, chiar dacă nu îți dai seama de aceasta. De cele mai multe ori nu îți dai seama de aceasta, în majoritatea cazurilor crezi că puterea pe care o ai vine de la tine, ca om.*

Luna este pe cer în fiecare zi, în fiecare noapte, și toți oamenii o pot vedea, privind frumusețea, minunăția și grandoarea ei. Dar tu, pe lângă frumusețea ei poți vedea și lumina ei, care este nevăzută. Fiindcă ceea ce priviți voi în noapte, corpul ei material, este doar o reprezentație simbolică a ei.

Cum Te-ai hotărât să mă alegi pe mine când trăiesc atâția oameni pe Pământ?

Eu îi aleg pe toți și pe fiecare în parte. Dar tu, de ce ai ales să Mă urmezi știind că există atâtea surse care se proclamă a fi Dumnezeu sau care susțin că L-ar cunoaște pe Dumnezeu?

Am simțit că ești Cel adevărat iar în felul acesta aș putea să Te cunosc. Tu mi-ai trimis acel sentiment?

Cu siguranță.

Cum poți lua legătura cu mine cât sunt încă păcătos și de ce o faci? Dumnezeu nu comunică cu nevrednicii.

Eu pot să fac orice, important este ce aleg să fac.

De ce obosesc atât de tare atunci când îmi transmiți gândurile Tale?

Deoarece aceasta îți solicită într-o anumită măsură mintea. Până acum nu ți-ai folosit niciodată mintea, decât instinctele.

Cum pot dărui lumina câtă vreme nu o am ori câtă vreme nu sunt lumină?

Dacă susții că nu ești lumină, copil al lui Dumnezeu, aceasta înseamnă că nici Eu nu sunt lumină. Încerci să o insinuezi?

Nu, Doamne ferește!

Bine.

Nu mai înțeleg nimic.

Dacă nu înțelegeai nu erai capabil să scrii nici după dictare.

Cum pot să știu că aceste contacte spirituale nu sunt propria creație a imaginației mele, ca rezultat eronat al studiilor mele? Cum pot să mă bazez pe informațiile descoperite aici?

Revelațiile și visele pe care le ai sunt creația imaginației tale inspirată în mod sublim de Mine.

Dar cum pot să mă conving că răspunsurile vin de la Tine direct și nu le inventez sau modific eu fără să știu?

Aceasta i-a frământat pe cei care au trăit înaintea ta. Ești de părere că cei care au scris Biblia au avut parte de vreun contact vizual fizic? Ei au văzut cu mintea, nu cu ochii, după cum faci și tu. Și chiar dacă ai vedea cu ochii nici atunci nu ai crede, tu ai zice despre tine că ți-ai pierdut mințile și ai lua medicamente fără să fii bolnav.

Toți oamenii care trăiesc pe Pământ, până la ultimul, au capacitatea necesară pentru a scrie ceea ce ai scris tu și cu toții cunosc răspunsurile pe care le cunoști tu, e necesar doar să și le reamintească, așa cum ai făcut tu în această carte.

Tu îmi descoperi imagini vizuale, însă niciodată ceva concret, dacă le voi interpreta greșit?

Ce înseamnă pentru tine ceva „concret"? Câtă vreme cunosc dinainte cum le vei interpreta, cu atât mai mult știu și cum să ți le descopăr. Acest răspuns nu este îndeajuns de concret pentru tine? Încă nu te-ai convins că nu există coincidență?

De ce suferim atât de tare când pierdem pe cineva drag?

Voi alegeți să suferiți, plata păcatului este moartea. Adevăr vă spun Eu vouă, voi sunteți victimele propriilor voștri călăi, ai propriilor voastre minți, nicidecum cel care a murit, el nu este o victimă. Cel care a murit *nu a murit, ci se naște într-o altă lume.* Acela a scăpat de ceea ce pe voi încă vă apasă. El și-a îndeplinit misiunea și și-a trăit experiența fizică, apoi a ajuns acolo unde cu toții vreți să ajungeți.

Suferința se aplică numai trăitorilor de pe Pământ, în Împărăția Mea nu există suferință. Așadar, el nu vă mai plânge pe voi ci voi îl jeliți pe el, când ar trebui să fie invers.

Câteodată pare atât de greu.

Dacă era ușor se mai putea numi pedeapsă? Ori dacă nu ați fi trăit experiența morții cum ați fi putut aprecia bucuria vieții?

Ce ai vrut să transmiți afirmând că omul a fost creat după Chipul Tău și Asemănarea Ta? Susții că voi putea crea și eu la rândul meu o lume și un Univers?

O creezi deja cu mintea ta, la fel am făcut și Eu la începuturi. Voi sunteți ființe creatoare și sunteți rodul imaginației Mele.

Dacă spui că nu există ceva ce noi am numit diavol, că nu deține o conștiență sau o inteligență proprie, individualizată, diabolică, ci există doar o parte din afara Ta, care ne influentează să creăm ceea ce nu ești ori ceea ce noi nu suntem, cum se face că de când am ales să Te cunosc gândurile hulitoare la adresa Ta au luat amploare și sunt nevoit să depun mai mult efort pentru a le stăpâni?

Există ceva ce voi ați numit rău și vă poate influența. Totuși o poate face doar cu permisiunea voastră. *Voi permiteți răului să existe*, pentru că fără voi și fără libertatea cu care v-am înzestrat el nu ar fi putut exista. *Cu toate acestea răul nu sunteți voi, ci voi cei care trăiți în afara Mea* creați răul. Fiți cu băgare de seamă totuși să nu rămâneți în totalitate pe din afară, fiindcă Eu creez o nouă lume în care cei care nu iartă nu vor putea intra.

Spuneai că de când M-ai cunoscut gândurile tale negre s-au intensificat. Aceasta fiindcă nu cunoscusei până atunci lumina și trăiai în întuneric. Unul care trăiește în întuneric nu poate vedea că este el însuși întunericul, doar la apariția luminii se poate privi și poate observa că a fost întuneric înainte de a deveni lumină.

Este datoria ta să îți stăpânești gândurile dăunătoare până vei ajunge să le îndepărtezi definitiv. Contemplarea îți va fi de ajutor.

Cât despre diavol caută să nu îți mai imaginezi o persoană, *diavolul nu există. Ba chiar numele Șațană, Satanás, Sheikhțaan* ori în limba ebraică Șățăn, *într-o traducere completă simbolizează partea întunecată a minții omului. Iar Numele Hristos semnifică activarea celei mai înalte părți a minții, cea divină, angelică și pură, cea mai înaltă treaptă de înțelepciune atinsă de mintea omenească vreodată.* Exemple poți găsi peste tot.

Ce ai crezut tu că semnifică coborârea diavolului pe Pământ susținută în Cartea revelației? Ți-ai imaginat vreo ființă diabolică care a fost alungată din Regatul sfânt pe motiv că nu s-a supus, și a reușit să șoptească creației Mele să greșească împotriva Mea pentru a îi servi drept răzbunare?

Nu e nevoie să Îmi răspunzi, așa gândiți cu toții, dar vreau să știți că *așa gândesc* preoții și *conducătorii bisericilor voastre, nu voi, pentru că majoritatea nu gândiți la acestea,* aveți alte preocupări. Teoriile acestea sunt susținute de instituțiile care vă impun să vă închinați lor, Mie, ori reprezentărilor a ceea ce cred ele că aș fi Eu. *Totuși, instituțiile voastre nu sunt sponsorizate de o Sursă autorizată pentru a vorbi în Numele Dumnezeului adevărat. Ele nu sunt trâmbițele adevărului, sunt mai degrabă cele ale înșelătorului care a amețit întreg neamul omenesc.*

Pentru că Eu nu v-am impus niciodată să vă închinați Mie, nu aș putea să o fac vreodată, nu îmi folosește. Ce fel de libertate este aceea în cazul în care cei care nu se vor apleca în fața Mea vor fi eliminați definitiv?

În Biblie s-a scris că trebuie neapărat să ne închinăm Ție, cei care nu Ți se vor închina vor arde în iad o veșnicie!

Alberto, folosești un mod amuzant de a îți aranja întrebările, parcă încerci să scoți o minciună de la Dumnezeu. Nu fi copil.

Biblia este cel mai perfect lucru pentru voi în evoluția voastră ca ființe spirituale. Cu toate acestea și Biblia a suferit în repetate rânduri intervenții. Doar nu credeai vreodată că o scriere de peste trei mii de ani vechime putea să rămână neatinsă, în ciuda tuturor traducerilor repetate, a reformelor și schimbării mentalității pe care omenirea le-a suportat în întreaga istorie. *Asupra Bibliei s-a intervenit și s-a reintervenit* de-a lungul istoriei de către anumiți conducători care au încercat să dezgolească de faimă și divinitate evangheliile. *Dar în ciuda eforturilor lor de îndepărtare a luminii Mele au fost considerați sfinți de către bisericile voastre, focare de minciună, interes și manipulare.*

Așadar, teoria închinării în fața cuiva superior este *o gândire* primitivă, monarhică, creată de abuzul de putere al foștilor împăraţi timpurii ai Pământului. Ea nu va exista niciodată în gândirea divină, nu se poate lua în calcul, aşa ceva nu există. Acum dat fiind faptul că am finalizat de etalat şi aceste argumente *să revenim totuşi* asupra subiectului pe care ai dorit să îl dezvoltăm.

Ai vorbit despre semnificaţia coborârii diavolului.

Aşa este, însă am vorbit şi despre cele două părţi ale minţii omului, Hristos, exemplul celui mai înalt grad de înţelepciune şi diavolul, care reprezintă partea întunecată, cel mai jos gând.

Pentru a putea înţelege mai exact exemplul pregătit încearcă să îţi imaginezi mintea omului împărţită pe din două. Aşadar, în partea dreaptă vei găsi *harul* cu care aţi fost înzestraţi, *imaginaţia, creativitatea, bucuria, toleranţa, iubirea şi recunoştinţa, care au fost numite cântecul sufletului care este veşnic tânăr.* Parte ce nu doar aşteaptă, ea chiar imploră să fie descoperită sau folosită. *În partea stângă rămânând logica umană, cea limitată, dreptatea, corectitudinea, gândirea matematică, relativistă,* acolo unde *cel mai mare este şi cel mai tare, stresul, depresiile, gândurile de panică, de furt şi de avort; parte care dezvoltă invidie, mândrie, relaţii închise familiale şi sociale, care împinge omul către o involuţie spirituală, întemniţare a propriului sine, crimă, ură şi în cele din urmă îl conduce la autodistrugere.*

Pe parcursul călătoriei evoluţiei umane, subiect pe care îl vom dezvolta mai târziu, *există anumite etape ale dezvoltării conştienţei.* Coborârea diavolului la voi se referă la etapa în care veţi creşte în cunoştinţă în ambele situaţii, în Hristos şi în diavol, deci vă veţi dezvolta mintea în totalitate. Totuşi veţi fi predispuşi să cădeţi în partea întunecată din pricina instinctului vostru de natură pământească care vă influenţează deciziile.

Acum câteva sute de ani nu ştiaţi ce înseamnă depresia, stresul şi melancolia, *nici nu existau aceşti termeni conceptuali,* dar astăzi mulţi oameni cad în capcana depresiei şi devin vulnerabili în faţa oricărei propuneri care le-ar putea provoca anestezia minţii sau pierderea discernământului pentru câteva clipe, scopul fiind a înlătura presiunea şi nemulţumirea de la ei. Adevărat vă spun Eu vouă, acestea nu vă vor îndepărta suferinţa. Şi nu doar o amână, o amplifică înzecit.

Acum câţiva zeci de ani cazurile de sinucidere se estimau a fi unul la un milion, aproape inexistente, însă astăzi asistăm la o sinucidere în masă, sub liberă alegere sau din partea unor persoane care nu sunt conştiente de ceea ce fac. Acestea reprezintă doar câteva dintre aspectele semnificației coborârii diavolului ori influența malefică asupra omenirii.

Așadar, caută și vei găsi, bate și ți se va deschide, vei primi răspuns la toate întrebările tale în cel mai scurt timp.

De ce ne este mai ușor să păcătuim decât să facem o faptă bună? De ce lucrurile nu funcționează și invers?

Nu e mai ușor, este la fel de ușor. Ar fi mai ușor să faceți fapte bune fiindcă este de natura voastră primordială să le faceți. Voi ați fost creați în curăție și sunteți creați din lumina Mea, dar lumea pe care ați construit-o promovează doar păcatul.

Cu aceasta vă nașteți, vi se spune încă din primii ani de viață. Vi se spune că sunteți răi și că nu sunteți buni de nimic și o spun chiar părinții voștri care susțin că vă iubesc. *Ei nu vă încurajează atunci când faceți o faptă bună, nici nu vă laudă când realizați ceva măreț, în schimb au grijă să vă pedepsească atunci când nu vă supuneți, atunci când greșiți și nu numai atunci.*

Gândul că sunteți răi este vărât în subconștientul vostru de cultele și doctrinele religioase de pe întreg Pământul. Păcatul e promovat de emisiunile televizate, dar și de toate acele imagini derulate pe care le-ați numit filme. Păcatul, ilegalitatea, imoralitatea și antisocialismul sunt susținute și încurajate chiar de acei conducători, ai acelor state, care au scris acele legi incomplete, instigatoare de interese. Chiar autoritățile care vă conduc o fac în fiecare zi.

În orice întâmplare nedorită, așa numitele tragedii, în care o persoană este afectată, rănită sau își pierde viața, rudele și autoritățile în loc să își concentreze atenția asupra victimei căreia i s-a luat pe „nedrept" dreptul de a trăi, își transformă durerea în ură și răzbunare, trimițând-o asupra celui care a provocat incidentul, dorind cu orice preț a îl pedepsi. Pentru ei este mai important să urască decât să iubească. Astfel, sentimentele celor care au fost apropiați victimei se transformă din iubire, suferință ori părere de rău, în ură, lăcomie, judecată sau răzbunare. Nu e mai ușor, doar pare mai ușor. Ei își alină suferința provocând mai multă suferință, ochi pentru ochi și dinte pentru dinte.

Acestea sunt minți umbrite de instincte animalice, nu de om. Ele sunt gândirile inerțiale ale celor care refuză să mai gândească, despre care ți-am mai vorbit.

Această mârșăvie rușinoasă, dragul Meu, a fost numită justiție, care este justificarea poftei reprimată de a răni. Căci cum ar putea cineva să își șteargă suferința sau amărăciunea inimii cu bani? Acela care cere nu suferă cu adevărat, el își poate așeza capul pe pernă indiferent că şi-a vândut sora, fratele sau soţul pentru o sumă de bani. Iar la moartea lui nu va plânge nimeni, el va muri asemeni animalelor care sfârşesc pe marginea drumului. Pentru că aşa vedeţi la mai marii voştri învăţaţi care vă conduc. Totuşi ei sunt mai puţin învăţaţi şi mai mult informaţi. Ei plătesc oameni ca să lucreze la imaginea lor. Ei nu sunt imaginea lor, nu sunt adevăr, sunt minciună. Voi fiţi adevărul Meu ca să nu deveniţi minciuna lor. Deoarece, în ciuda aparenţelor voi nu v-aţi născut în păcat, ci în neştiinţă, adică aveţi memoriile şterse. Misiunea voastră pe Pământ este cea de a vă aminti cine aţi fost înainte să vă naşteţi acolo.

Doamne cât adevăr grăieşti!

Mă bucur că rostim împreună aceste adevăruri.

Cum am reuşit să scriu o carte, eu, cel care abia se poate adresa verbal unei persoane, iar de fiecare dată când vreau să exprim o idee sunt nevoit să consult dicţionarul online ca să nu comit greşeli gramaticale?

Nu ai scris-o tu, Eu am scris-o, tu doar ai editat-o.

Care va fi scopul ei?

Acelaşi ca al tuturor mesajelor Mele.

O va citi cineva sau va fi folositoare cuiva?

De aceasta Mă voi îngriji Eu.

Dacă va fi considerată o blasfemie ori un plagiat, o colecţie de învăţături, cuvinte şi idei, dar şi revelaţiile şi visele unui om pierdut cu mintea?

Vor fi mulţi cei care vor crede că este un plagiat, o blasfemie, o creaţie a unei minţi rătăcitoare. Şi despre Biblie au spus că este cea mai mare înşelătorie din istoria umanităţii.

Dar Biblia este izvorul viu al Pământului.

Doar cei curaţi care Mă caută cu adevărat vor înţelege, vor înţelege mai mult decât poţi tu să îţi închipui. Ei vor crede şi vor cerceta, apoi vor împărtăşi şi altora cunoaşterea.

Dacă voi rămâne în pană de idei iar în felul acesta nu voi mai putea termina cartea?

Câte idei ai avut atunci când te-ai apucat de scris? Ştiai oare ce scrii sau pentru ce o faci?

De ce trimiţi atâtea mesaje omenirii dacă aparent nimeni nu le ia în seamă? Oamenii ignoră tot ce e benefic pentru ei.

Mesajele Mele fac parte din planul Meu cu voi şi le veţi lua în seamă, mai devreme sau mai târziu.

De ce alegi să o faci?

Pentru că v-am creat conştienţe libere asemeni Mie, sunteţi conştienţe de lumină pură şi strălucitoare. Sarcina voastră este să alegeţi să rămâneţi astfel ca să trăiţi în veci.
De unde voi avea suma necesară publicării acestei cărţi?
Vei avea bani ca să o publici dar nu este neapărat nevoie să o faci. O poţi copia în mai multe exemplare şi îţi voi arăta Eu unde le vei împărţi. Unele exemplare vor fi ascunse acolo unde nu te-ai gândit niciodată că ar fi un loc potrivit pentru a le ascunde. Şi o vor citi cei la care nu te-ai fi aşteptat niciodată să o citească. Şi o vor înţelege cei la care nu te-ai fi aşteptat niciodată să o înţeleagă şi vor fi curăţaţi cei la care nu te-ai fi aşteptat să fie curăţaţi. Este departe de tine adevărata cunoaştere acum.

Aceasta este puterea care ţi s-a descoperit. Iar tu împlineşte în continuare Voia Mea, ca să capeţi fericirea şi să trăieşti mulţi ani pe Pământ.

Doamne, iată-mă stând la biroul meu, punându-mi aceste întrebări la care tot eu sunt nevoit să răspund de unul singur. Aşadar, cum termin de scris o întrebare mintea mea creează fără a interveni eu direct şi răspunsul. Aş putea continua aşa la nesfârşit, acesta este Dumnezeu?

Da, ai putea continua aşa până la sfârşitul zilelor tale şi după însă tot nu ai putea să Mă cunoşti în totalitate ca Ceea Ce sunt Eu. Acesta este şi nu este Dumnezeu. Pentru că Dumnezeu nu se poate descoperi numai în ceva din lucrarea Lui, Dumnezeu este toată lucrarea Lui. El este tot ceea ce ştiţi şi tot ceea ce nu ştiţi. Căci cum aţi putea voi auzi ceea ce nu este sunet? Cum aţi putea privi ceea ce nu este imagine ori cum aţi putea pipăi ceea ce nu poate fi atins?

Adunaţi toată învăţătura religiilor neamurilor, mesajele cărţilor sfinte, îndemnurile maeştrilor, preoţilor, pastorilor, teoriile tuturor profesorilor Pământului din toate timpurile, apoi strângeţi minţile tuturor geniilor sau adăugaţi cărţile tuturor scriitorilor la un loc şi veţi cunoaşte doar 1% din cine este Dumnezeu.
Nu mi-aş fi închipuit vreodată să Îl descopăr pe Creatorul tuturor lururilor aşa.
Puţini oameni găsesc curajul de a şi-L imagina pe Dumnezeu în felul acesta, din acest motiv la fel de puţini Mă vor descoperi. Mulţi aleargă toată viaţă pe lângă religii, legende şi poveşti, care sunt inventate de alţii, dar fără rezultat. În lumea voastră strâmbă mulţi îşi ridică privirea spre cer şi strigă la Dumnezeu, dar Eu nu sunt acolo. *Alţii se duc să facă fapte bune, oferă pomeni, apoi se închină de zeci de ori, poate aşa Mă voi îndura de ei, dar ei oferă*

cu mintea nu cu sufletul. Ei oferă bani orfanului care are nevoie de o familie, haine scumpe celui care nu are unde le spăla. Oferă brățări de aur ciungului care nu le poate purta şi cărţi valoroase celui care nu a învăţat să citească. Căci cei nevoiaşi nu au nevoie de cineva care să îi întreţină ori să le dea, ei au nevoie de unul care să îi înveţe cum să se întreţină singuri, să ia decizii singuri, să îşi administreze viaţa singuri, până când vor reuşi să ajute şi ei pe alţii creând la rândul lor din elevi profesori. Şi tot aşa din generaţie în generaţie până veţi ajunge să fiţi cine sunteţi voi cu adevărat. El este scopul fiecărui om.

Iar tu de ce eşti uimit că M-am descoperit ţie în felul acesta? Dacă acordai atenţie scrierilor tale sau la ceea ce a spus Isus în Biblie, spunând „căutaţi-Mă în inima voastră", ţi-ai fi amintit, la fel cum o faci acum, că ce ţi s-a descoperit este rezultatul căutării tale interioare la îndemnul Meu. *Adevărul e în fiecare dintre voi, însă voi îl căutaţi mereu în afara voastră. Toţi ştiţi răspunsurile, trebuie doar să puneţi întrebările.*

La ce crezi tu că am făcut referire scriind în Cartea revelaţiei, referitor la semnul fiarei, că cei care vor fi de partea lui Antihrist, care vor lucra „împotriva" Mea, vor purta un semn pe mână sau pe frunte, iar cei care vor fi de partea Mea vor purta de asemenea un simbol pe mâna dreaptă sau pe frunte? Am ales să îţi ofer răspunsul la această întrebare care te-a frământat atâta vreme, chiar dacă nu am înţeles ce te-a împiedicat să Mi-o adresezi.

Nici eu nu ştiu.

Îţi voi explica, dar nu înainte de a mai face încă o precizare. Folosesc aceşti termeni biblici pentru că vă este mult mai uşor să înţelegeţi ceea ce vreau să vă transmit. În realitate însă nu există nimeni şi nimic împotriva Mea, aceasta este de fapt o blasfemie. Din acest motiv am punctat cuvântul între ghilimele. Vor fi clarificate pe parcurs toate aceste aspecte.

Semnul robiei pe Pământ este unul simbolic de o foarte mare importanţă. El îi diferenţiază azi pe cei înţelepţi de cei mai puţin înţelepţi. Ea este distincţia care e numită selecţia lui Dumnezeu.

Semnul fiarei de pe fruntea şi de pe mâna celor ce vor merge împotriva Mea simbolizează mintea întunecată, închisă, cea care gândeşte strâmb, care este total căzută în dorinţa câştigării existenţei fizice cu orice preţ, care alege să trăiască numai în lumea aceasta şi atât. Sufletele blocate în interiorul acestor conştienţe finite nu vor merge mai departe. Ele au ales aceasta cu mult timp înainte de a se naşte acolo. Semnul de pe fruntea lor arată capul, mintea cu care gândesc, arată gândurile lor creatoare de experiențe din viața lor. Semnul de pe mâna lor arată gândurile transformate în experiențe. Cu capul gândești, deci creezi gânduri, iar cu mâna aplici ceea ce mintea a gândit. Mâna materializează ce mintea și-a imaginat că ar putea crea. Și astfel dacă mintea este bolnavă și creează un gând bolnav, mâna va materializa desigur o experiență fizică bolnavă, greșită sau incompletă. În cazul celor care Mă vor urma pe Mine mințile lor vor străluci la fel ca niște lanterne care luminează în întuneric, iar mâinile lor vor crea gândurile Mele, care vor ajunge să fie gândurile lor proprii. În cazul în care nu ai realizat încă îți spun că așa procedezi tu acum.

Dacă ceea ce îmi spui este adevărat și se pare că am găsit Sursa înseamnă că poți să îmi răspunzi la orice întrebare. Nu mi-ai confirmat aceasta încă, însă aș vrea să știu cine am fost înainte să mă nasc?

Știi cine și ce ai fost.

Nu cred că sunt sigur de ceea ce știu despre mine, dacă aș fi știut nu Îți mai adresam întrebarea.

Ai fost un gând al Meu căruia i-am dat putere să gândească asemeni Mie. Ai fost un suflet care știa că trebuie să plece ca să se formeze, să se dezvolte, să se cunoască, să crească în lumină și să își dea seama în afara luminii Mele dacă lumina lui este cu adevărat a lui.

Un suflet călător care pleacă din Împărăția Mea pentru a experimenta o formă materială, odată ce se naște pe Pământ nu mai știe cine este și de unde vine. Aceasta pentru a se putea cunoaște cu amănuntul și să aleagă să fie cine vrea el să fie. La fel cum te-am creat Eu în mintea Mea la început, deci ai apărut ca un gând al Meu, la rândul tău cu ajutorul Meu ai datoria să crești și să dezvolți ceea ce poți tu să faci. În felul acesta, ajutându-te pe tine Mă vei bucura pe Mine. Am să îți dau totuși un exemplu mai ușor:

La fel cum ți-ai imaginat tu să scrii o carte, ai construit acest gând și i-ai oferit dar posibilitatea de a exista (fără tine el nu se putea crea de unul singur), la rândul lui gândul tău creează alte gânduri și idei pentru a pune înăuntrul ei cu scopul de a se forma. Tu ai creat cartea la început iar în prezent o supraveghezi cum se creează singură cu ajutorul tău. Cartea care la sfârșit va fi lăudată laudă autorul ei. Tu nu te puteai proclama un autor până nu scriai această carte, iar creația ta te proclamă pe tine autorul și creatorul ei. Așa funcționează lucrurile.

Mă faci să mă simt destul de important.

Cu toții sunteți importanți, sunteți cei mai importanți. Ce-ai zice dacă ți-aș spune că înainte să te naști pe Pământ ai fost o

*conştienţă deosebit de puternică, plăcută Mie, ridicându-te chiar
deasupra îngerilor, reflectând o parte din preastrălucita dragoste
a luminii Mele?*

Mi-ar fi destul de greu să cred.

Tu consideri că perfecţiunea imaginată de voi în viaţa trăită
pe Pământ are vreo legătură cu statutul pe care îl veţi ocupa după
moarte? *Eu ştiu cine sunteţi, voi sunteţi nevoiţi să vă daţi seama
de aceasta.*

Crezi că orfanii care nu posedă un adăpost unde să doarmă,
care stau pe străzi ori sunt murdari, care nu au fost îngrijiţi, nici
educaţi, cei pe care părinţii i-au alungat ori sunt rezultatul unor
încercări de întrerupere de sarcină eşuate, cei cărora nu le acor-
daţi atenţie, care consumă substanţe creatoare de vise şi care nu
ştiu încă să vorbească, au fost uitaţi pe Pământ? Crezi că de la ei
aştept ceva? Ei nu ştiu să vorbească fiindcă nu i-aţi învăţat voi să
vorbească, dar ştiu să hulească deoarece au învăţat de la voi să
hulească. Ei nu ştiu încă cine sunt şi nu Îl cunosc pe Dumnezeu
din cauză că nu le-aţi spus voi cine este Dumnezeu.

*Totuşi, în amărăciunea şi în lipsa lor de informare susţin că
Dumnezeu îi iubeşte.* Ei nu sunt nevoiţi să realizeze ceva pe Pă-
mântul vostru ca să fie mântuiţi, ei sunt deja mântuiţi. Şi aceştia
*sunt îngeri ai Mei trimişi pe Pământ cu scopul de a vă convinge
cine sunteţi voi* în relaţie cu ei sau ce credeţi că reprezintă ei pe
acest Pământ. Şi ce aş putea Eu să le cer unora ca ei atunci când
ei au totul şi sunt Eu? Însă în ciuda tuturor acestor considerente
unii ca ei vă aduc pe mulţi dintre voi înapoi la Mine ca să rede-
veniţi ai Mei. *Aceasta deoarece sufletele lor reflectă lumina Mea
iar trupurile lor îmbolnăvite şi înfometate sunt imaginea voastră,
creată de ignoranţa voastră.*

**M-ai lăsat fără întrebări, cu toate că aveam cred mii sau
zeci de mii de curiozităţi.**

Ţi le vei aminti pe parcurs. Pentru moment spune-Mi de ce
crezi tu că nu îi poţi rezista ispitei şi nu îţi poţi înfrâna dorinţele
senzuale care te copleşesc? Eşti de părere că eşti slab sau poate
prea tânăr? Dar ce te-a determinat să gândeşti că acest lucru este
greşit ori că vei comite un păcat tânjind după afecţiune?

**Habar nu am de ce, nici ce m-a determinat să asociez sen-
zualitatea cu un lucru greşit. Pur şi simplu nu pot să asociez
sexul cu discuţiile despre Dumnezeu. Da, cred despre mine că
sunt un om slab, alţii şi-au înfrânat poftele, aşa cred.**

*Tu crezi că voi aţi inventat ceva în Universul Meu, însă care
nu este din Universul Meu şi nici nu era până să îl inventaţi voi?*

Eşti tu atât de convins de faptul că voi v-aţi gândit la ceva la care Eu nu M-am gândit pe motiv că am omis să o fac, gândind că voi ştiţi ceva ce Dumnezeu nu ştie şi astfel vă ascundeţi? Copiilor! *Adevărat vă spun, Dumnezeu este Autorul contactului sexual între partea bărbătească şi cea femeiască. Eu am gândit femeia în aşa fel încât să fie atrăgătoare bărbatului ei, ca să vă alintaţi alături de ea şi invers. Voi aţi stricat legătura pe care am creat-o între voi, aţi redefinit şi reorientat nevoia dragostei către obţinerea satisfacţiei fizice şi nimic mai mult. Apoi, după consumarea energiei acumulate, nu mai rămâne nicio legătură între voi, apoi vă simţiţi goi, vă îmbrăcaţi şi plecaţi.*

Sexul nu poate exista fără dragoste şi nici dragoste nu puteţi face fără să existe iubire. Nici nu vă serveşte la ceva să o faceţi. Iar dacă unii dintre voi credeţi că în vremurile acestea ale deşertăciunii sau destrăbălării în care trăiţi astăzi nu mai există cineva asemeni vouă, care să simtă şi să caute aceleaşi lucruri pe care le căutaţi voi, înseamnă că vă îndoiţi de puterea Mea. *Eu creez miliarde şi miliarde de oameni, făptură după făptură şi cunosc ce e în mintea fiecăruia.* Cu niciun dispozitiv tehnologic de ultimă generaţie sau cu toate la un loc şi prin nicio metodă nu aţi reuşi să gestionaţi sau să deţineţi atâtea informaţii câte cunosc Eu despre fiecare dintre voi.

Nu este foarte important ceea ce obţii dintr-o relaţie, cât este de important ceea ce ai de oferit într-o relaţie. Alberto, încă mai crezi că aceste răspunsuri le inventezi tu şi te îndoieşti că ele vin de la Mine?

Nu.

Încă mai crezi că atunci când ai vrut să mori pur şi simplu ai avut norocul ca cineva să te găsească şi să te salveze?

Nu ştiu, bănuiesc.

Ar fi bine să cunoşti că am fost lângă tine pe patul de spital şi am trimis după tine la momentul potrivit. Dacă Îmi doream să te chem de acolo puteai leşina în mijlocul pieţelor aglomerate şi *nu te-ar fi ridicat nimeni vreme de trei ceasuri, atât cât ar fi fost necesar ca să îţi părăseşti trupul.* Eu le sunt alături tuturor bolnavilor care zac pe paturile de spital indiferent cine şi ce au fost ei în viaţă, căci oricine ar fi fost şi orice ar fi făcut cu vieţile lor, aflaţi în faţa durerii strigă către Mine ca să îi iert şi să le curm suferinţa trupului, care este povara păcatului în care au trăit. Este povara consecinţelor alegerilor greşite pe care au decis să le ia în viaţă, crezând că aleg spre binele lor.

Încă mai crezi în destin? *Eu sunt destinul vostru, iar soarta o creați voi înșivă, căci Universul răspunde cererilor voastre după măsura mulțumirilor voastre.*

Te temi că îți vei întina trupul și astfel nu te voi mai primi la Mine în Împărăția Mea? Trupul tău va rămâne aici și nu vei lua dincolo nimic din ceea ce știi că ai fost pe Pământ, vei lua cu tine ceea ce ești tu cu adevărat. Încă nu te-ai convins care este scopul tău în această lume?

Oprește-Te, știu, acum știu totul și plâng. Plâng pentru că nu am știut ceea ce știam deja, ce mi-am amintit acum. Astăzi știu cine sunt ori cine am fost înainte să mă nasc. Știu și Cine ești Tu și știu că Te cunosc. Nu ești Tu Cel care ne-a creat în așa fel încât să ne putem crea singuri, în mod individual, prin puterea imaginației și credință, fără a ne îndatora cuiva?

Cu toții veți ști și cu toții veți cunoaște aceasta. Cum puteam Eu crea pe cineva care să Îmi laude măreția, acela fiind obligat ori programat să o facă? De asemenea, cum puteai crea tu o carte gata scrisă, cum și-ar fi putut manifesta recunoștința, mulțumirea sau lauda față de autor și față de ea însăși, în fața cititorilor, fără ca ei să o citească? *Cum ar putea un tânăr să îl numească tată pe unul pe care nu l-a văzut niciodată sau care nu s-a îngrijit de el niciodată?* Pentru simplu fapt că este tatăl lui biologic, afirmația aceasta îl obligă să îl iubească și să îi fie recunoscător, pentru ce? Tânărul îl va numi în continuare tată pe cel care l-a crescut, care l-a învățat, apoi i-a oferit tot ceea ce a avut, fără să fi așteptat să fie considerat de către copil tată.

Referitor la sinucidere, cum stă treaba cu ea? Ai observat că unii dintre noi ori majoritatea, ne gândim la ea și căutăm să o aplicăm? Dar de ce a fost sinuciderea considerat cel mai mare păcat, nu înțeleg, cine a spus că păcatele se pot măsura? Ce se va întâmpla cu sufletele neînțeleșilor care au ales să își ia singuri viața?

Sinuciderea reprezintă nerecunoașterea scopului vostru, nerespectarea voinței voastre și a legilor create de Mine în planul Meu cu voi. *Sinuciderea este atunci când Îl contrazici pe Dumnezeu și planul Lui. Prin urmare, dacă Eu vreau ca tu să trăiești și te-am creat ca să trăiești, tu nu poți să Mă contrazici spunând „pentru ce m-ai creat, eu nu voiam să trăiesc", când în realitate tu ai ales să trăiești, iar Eu ți-am împlinit dorința.*

Sinuciderea nu este o manifestare a slăbiciunii și lașității, așa cum a fost considerată de învățații voștri, *ea este o problemă de neregăsire a propriului sine.* Atunci când experiențele neplăcute, ura, durerea, nemulțumirea și dorințele neîmplinite, vă copleșesc în totalitate și vă întunecă ființa, când nu mai zăriți nicio urmă de speranță, luați deci această decizie. Totuși, atunci când vă simțiți dezamăgiți din toate punctele de vedere și din toate direcțiile voi nu sunteți slabi ori lași, ci pur și simplu nu vă regăsiți în această lume, căci lumea aceasta nu sunteți voi.

Sufletul tău, ființa care ești, căruia nu îi auzi strigătele ori nu îi simți prezența, suferă, căci nu se regăsește în acțiunile pe care corpul și mintea ta le fac zilnic. Tu vrei să te sinucizi pentru că nu ai obținut acea casă de vis pe care ți-o dorești de atâta vreme, dar sufletul care ești nu se regăsește în dorința minții care ți s-a dat, lui nu îi este necesară. Tu vrei să te sinucizi din cauza unor circumstanțe din viață care te separă de femeia pe care o iubești mai mult decât propria viață, fără să te gândești că *în felul acesta vei separa nu numai cele două trupuri nefericite, dar și sufletele voastre pe care dragostea le ține strâns legate până atunci când vor părăsi împreună acest Pământ al neînțelegerii și suferinței.* Tu când iei decizia să te sinucizi poate sufletul tău zbiară că vrea să trăiască, dar tu nu îl auzi pentru că nu îl cunoști.

Tu trăiești în materialism, acolo unde visul a fost considerat infantilism și profundă irealitate. Unde speranța a fost considerată imaturitate. Unde iubirea este considerată haos și suferință. Unde dragostea a fost considerată slăbiciune, iar bunătatea un defect. Sufletul care ești nu este din lumea aceasta, lumea aceasta nu sunteți voi. Voi trebuie doar să luați la cunoștință de ea, căci simțind întunericul să vă doriți lumina, simțind frica să cunoașteți dragostea.

Suferința și fericirea nu au nicio legătură cu întâmplările care se derulează pe durata vieților voastre. Suferința se naște atunci când nu înțelegi, nu concepi sau nu accepți o întâmplare care se petrece în viața ta, însă, toate au fost înzestrate cu explicații logice, concrete, menite să te ajute să te dezvolți după Voia Mea și după meritul tău.

Atunci când nu primești ceea ce meriți, răsplata pe ceea ce ai muncit sau darul pe care ești îndreptățit să îl primești, atunci când mintea ta îți șoptește că meriți, dar cu toate acestea ai nenorocul gândești și nu o primești, atunci viața nu este corectă, bolborosești tu. Și astfel mintea ta creează o experiență neplăcută și provoacă suferință. În concluzie tu nu înțelegi de ce există atâta nedreptate, nu accepți astfel de nedreptate și te întrebi cine îngăduie asemenea catastrofă? Atunci tu cauți să judeci prezentul sau să îți faci dreptate singur. Ceea ce nu înțelegi este că *întâmplările acestea pe care nu ai ştiut să le trăieşti şi nu le-ai înţeles sunt etape ale procesului dezvoltării şi formării tale, experienţa vieţii trăite în afara Mea, în care eşti doar un suflet călător.*

Şi cine ţi-a spus ţie că sinuciderea este cel mai mare păcat, cine poate fi în măsură să cântărească greutatea păcatelor, cu atât mai mult pe cel al sinuciderii, dacă nu Eu Cel care v-am dat viaţă şi vieţi care Îmi aparţin?

Nu este nevoie să îmi spună cineva, pur şi simplu o ştiu şi o cred, aşa funcţionează în realitate lucrurile.

Cine ţi-a spus?

Am văzut la preoţii bisericilor noastre tradiţionale. Ei nu îi îngroapă lângă ceilalţi pe cei care îşi pun capăt zilelor.

Dar preoţii acelor biserici nu Mă propovăduiesc pe Mine.

Nu?

Nu.

Ei se roagă Dumnezeului adevărat, ştiu fiindcă am intrat acolo, am ascultat şi i-am auzit.

Atunci Îl propovăduiesc pe Dumnezeu însă nu Îl cunosc pe Dumnezeu. Ei se grăbesc să judece fără a Îl cunoaşte pe Acela căruia se roagă. Dacă M-ar fi cunoscut şi ar fi ştiut despre Mine cât un bob de grâu nu ar mai fi judecat, ar fi iubit. Ar fi cunoscut atunci că Eu sunt dragoste şi nu separator. Eu sunt totul şi nu Eu vă aleg pe voi, voi Mă alegeţi pe Mine.

Adevărat îţi spun, mai repede vor intra în Împărăţia Mea cei care au ales să îşi ia singuri viaţa, cei care nu sunt recunoscuţi şi acceptaţi de către biserici, decât preoţii care decid că cei laşi nu sunt vrednici de rugăciune, iar din acest motiv nu îi primesc în cimitire. Preoţii decid împotriva Mea, separă în Numele Meu şi devin separatori. Dacă Eu sunt tot ceea ce este şi nu este nimic în afara Mea, cine sunt ei ca să judece şi să îndepărteze de la Mine ceea ce este al Meu? Preoţii au uitat despre ei cine sunt.

Dar cu sufletele lor ce se va întâmpla, ei unde vor merge?

Întrebarea potrivită ar fi fost „ei ce vor simţi" şi nu unde vor merge, în cazul în care chiar doreşti să afli.

Tu ştii mai bine.

Cu siguranţă că ei vor primi a doua şansă, vor primi chiar şi a treia şansă şi vor căpăta atâtea şanse până vor ajunge să cunoască puterea lui Dumnezeu. *Cei din urmă vor fi cei dintâi, cei slabi vor deveni cei puternici, iar cei temători plini de evlavie. Nu spune că ai şi uitat?*

Tocmai ce mi-am reamintit acum sau mi-ai reamintit Tu! Mă tot frământă de ceva timp ideea că oamenii înstăriţi din

punct de vedere material nu vor putea intra în Împărăţia Ta.
Dumnezeu e bun, dar nu mai ştiu ce să cred.
Ştiu şi cunosc toate frământările tale.
Tu ştii ce urmează să Te întreb dinainte ca eu să hotărăsc ce vreau să Te întreb?
Sigur.
Înseamnă că pregăteşti răspunsurile dinainte şi de aceea pari atât de pregătit, am dreptate?
Se poate spune şi aşa.
Această afirmaţie îmi confirmă faptul că ai privit sfârşitul lumii aşa cum o cunoaştem. Când se vor împlini profeţiile?
Bineînţeles că am privit „sfârşitul" din moment ce *Eu am hotărât timpurile care au fost, sunt şi vor fi, de la început şi până la sfârşit.* Trebuie doar să aleg momentul noului început. Profeţiile se împlinesc sub ochii voştri tot timpul.
Mă tem că nu înţeleg.
Nici nu ţi-ar fi folositor să înţelegi, căci atunci când vor sosi vremurile schimbării tu vei fi plecat demult de acolo.
Când va fi sfârşitul lumii?
Atunci când voi considera că e de ajuns, când Pământul va fi copleşit de suferinţă şi întuneric. Atunci când vă veţi întoarce la Mine toţi cei care sunteţi aşteptaţi la Mine, atunci când nu veţi mai fi nevoiţi să plecaţi niciunul acolo.
Tu ştii ce am făcut, ce facem şi ce vom face?
Exact.
Care mai este satisfacţia din moment ce ştii totul dinainte, de ce nu Îţi iei un concediu, de pildă, până se va împlini ceea ce Tu ştii deja că urmează a se împlini? Pentru ce atâta bătaie de cap, care e scopul?
Ţi-am mai spus dar îţi repet, voi aţi hotărât deja ce vreţi, mai trebuie doar să alegeţi cine vreţi să fiţi acolo unde aţi ales să fiţi.
Mai bine revenim la discuţia despre bogaţi, este adevărat că ei nu vor intra în Împărăţia cerurilor? Mi-e greu să cred că un Dumnezeu care este dragoste necondiţionată ar putea permite condamnarea atâtor miliarde de oameni.
De unde ai tras concluzia aceasta? Nu ai văzut niciodată un pastor îmbrăcat frumos, care conduce o maşină frumoasă, care deţine o casă impresionantă şi are o familie numeroasă?
Am văzut, dar cunosc spusele lui Isus, ştii, cu cămila prin urechile acului şi bogatul în Împărăţia lui Dumnezeu?
Bineînţeles că ştiu, Eu am scris parabola aceea. Acelei povestiri îi pot fi atribuite două înţelesuri. Primul, fiind cel la care

am făcut referire, e că bogățiile materiale îi distrag atenția omului de la scop. Bogatul își va concentra atenția asupra bunurilor deținute întreaga viață, va găsi alinare și tot ceea ce are nevoie în ele. El încetează să mai caute, crezând că posedă totul și în afara posesiilor lui nu mai există nimic, nu mai acceptă nimic, nu mai simte nimic, nu mai luptă pentru nimic, ca la final să ajungă să creadă că totul poate fi cumpărat. Acest tip de conștiență percepe fericirea prin a avea, a își achiziționa, nicidecum prin a dărui sau a ajuta. Așadar, la rândul lui bogatul separă și nu întregește.

Trezirea se produce atunci când inima reușește a își controla mintea în totalitate. Mintea reprezintă gândirea logică, rațională, materială, matematică. Ea se formează aici, respectând dar legile lumii acesteia. Mintea nu va putea ieși niciodată din acest Univers material finit și nici nu trebuie. *Sufletul în schimb este de la Dumnezeu, este al Meu și este Dumnezeu.*

Bogatul, ocupat fiind cu grijile sau cu plăcerile materiale nu va reuși să își dezlipească inima de viața trăită pe acest Pământ oricât ar încerca, condamnându-și dar prin alegere inconștientă spiritul la moarte. Privind din perspectiva unuia care nu dorește să se dezvolte, nici să evolueze spiritual, ci alege cu bun discernământ să trăiască doar aici, în lumea cunoscută de voi, bogățiile îi vor fi de real folos atâtă vreme cât se va dovedi a fi și capabil să și le administreze.

Există însă și un alt tip de oameni bogați, *cei bogați atât din punct de vedere material, cât și spiritual. Ei au devenit mai întâi bogați din punct de vedere spiritual, ca apoi să obțină și celelalte foloase, materiale.*

Vezi tu, există niște etape, faze sau situații, în procesul supravegherii Mele și toate trebuiesc rânduite la vremea lor. Voi trebuie să primiți mai întâi bogățiile spirituale, inocența, înțelepciunea, apoi să obțineți celelalte bogății și îndeletniciri mai puțin importante. Pe parcursul acestor scrieri vei înțelege cum funcționează acest sistem. *Căutați mai întâi Împărăția cerului, iar toate celelalte vi se vor da pe deasupra*, adică peste măsură. Atunci veți fi pătrunși de dragostea Mea, iar sufletele care sunteți nu vor mai înseta, ci veți conștientiza că aveți totul, reușind să percepeți celelalte lucruri la valoarea lor reală. În schimb acela care devine mai întâi bogat din punct de vedere material *va fi umbrit de statutul deținut, el nu va putea depăși pragul faimei sau al popularității nici dacă M-aș coborî pe Pământ la el. De aceea am spus că mai repede ar intra o cămilă prin urechea unui ac decât un bogat în Împărăția lui Dumnezeu.*

Ceața se ridică, privirea mi se limpezește din ce în ce!
Vom reveni asupra anumitor subiecte.
Știi ce fac acum?
Pe istețul?
Îmi pare rău, nu am vrut să sune ca o întrebare. Ba recunosc, am vrut, căci am intenționat să Te testez.
Nu te grăbi să te scuzi, tu crezi că Dumnezeu nu are simțul umorului? Crezi despre Mine că sunt doar un bătrân morocănos, pregătit în orice clipă pentru a pedepsi?
Cu siguranță nu am ideea aceasta despre Tine. Imaginea de zeu veșnic morocănos este creația smintită a religiilor. Ceea ce voiam să spun este că în timp ce mă uitam pe fereastră și priveam luna, am observat că aceasta se înalță pe cer imediat după lăsarea întunericului, gata să lumineze, astfel încât noi să nu stăm nicio clipă în întuneric total. Pe parcursul anului se înserează la ore diferite, totuși luna se ridică pe cer imediat după lăsarea întunericului. De unde această precizie?
Mă bucur că ai observat. În orice caz, *ar dura enorm de mult ca să îți explic. Așa cum ați reușit voi să măsurați timpul, matematic, prin numerele ceasurilor voastre, sisteme de calcul îndeajuns de precise încât vă permit percepția trecerii timpului așa cum îl înțelegeți voi, la fel am măsurat Eu distanțele planetelor, gradele prin care se influențează una pe alta, viteza rotațiilor lor.*
Cât ai înțelege dacă ți-aș spune că luna este mult prea ușoară privind distanța la care se află de soare, iar din cauza forței gravitaționale a soarelui aceasta ar putea fi absorbită de el până ar fi înghițită definitv?
Ce o împiedică să fie înghițită?
Poziția în care se află.
Dar uneori se mai dereglează această precizie, apoi revine la cursul ei ca și cum o tot reprogramează Cineva.
Luna se ascunde întotdeauna în spatele Pământului, în partea opusă soarelui, datorită antigravitației existente între ea și Pământ. Cele două funcționează perfect asemeni unor magneți care se resping. Soarele deține o forță foarte mare de atracție, el ține la un loc întregul sistem solar. La rândul său Pământul respinge forța de atracție a soarelui într-o măsură mult mai mică, reușind să își păstreze poziția și să nu se abată de la cursul lui. Acest proces se poate atribui și cazului relației lunii cu Pământul. Pământul deține o forță gravitațională superioară lunii, pe care luna o respinge atât cât să nu se îndepărteze de el, Pământul protejând-o, privind interesul vostru, de absorbția soarelui.

Dacă luna se ascunde întotdeauna în spatele Pământului cum se face că nu privim o nesfârşită eclipsă de lună datorată umbrei Pământului?

Datorită înclinaţiei Pământului.

Perfect adevărat.

M-ai crede dacă ţi-aş spune că cele două comunică, iar datorită acestei relaţii, luna, influenţată de înclinaţia Pământului, influenţează la rândul ei Pământul spre a se înclina în avantajul vostru, vrând a fi luminată de cel de care se fereşte, adică de soare?

Ce-ai zice dacă ţi-aş spune că dacă ar dispărea luna această acţiune ar fi urmată de prăbuşirea întregului Univers? Ce-ai zice dacă ţi-aş spune că fără atracţia gravitaţională a Pământului nu ar mai exista liniile temporale, acest fenomen determinând toate evenimentele să se petreacă în acelaşi „timp", iar totul s-ar opri accelerând? Ce-ai zice dacă ţi-aş spune că *cea mai performantă viteză pe care o cunoaşteţi, cea a luminii, pe care nu o veţi putea atinge niciodată pe Pământ, este o mişcare înceată asemeni cadrelor care se derulează într-un ritm slow motion? Aceasta v-ar arunca pe voi în aşa numitul stop cadru, nu? Atunci Eu aş putea privi în mintea fiecăruia dintre voi, individual ori în ale tuturor în acelaşi timp, cu scopul de a Mă regăsi în voi. Eu am puterea să fac toate aceste lucruri şi nu doar pe acestea.*

Aş spune că nu am mai auzit vreodată asemenea afirmaţii, nu am văzut acestea în niciun documentar şi nu le-am citit în nicio carte a niciunui savant până astăzi.

Acestea ţi-au fost descoperite în felul în care mintea ta le-a putut înţelege. Căci tu nu vei putea niciodată să fii altceva decât eşti. Prin urmare, acesta eşti tu în relaţie cu tot ceea ce este.

Explică-mi Te rog această zicală: „Creatorul te-a creat pe tine după Chipul şi Asemănarea Lui iar tu ai creat restul prin puterea pe care ţi-a dat-o"[1].

Zicală care se dovedeşte a fi şi foarte adevărată, am plăcerea să completez aici.

Apariţia acestui dialog se datorează puterii cu care m-ai înzestrat la început sau intervenţia Ta din prezent îmi oferă şansa de a comunica în felul acesta? Cu cine vorbesc acum de fapt, cu sinele meu sau cu Dumnezeu direct?

Şi una şi cealaltă sunt afirmaţii pătrunse de adevăr şi toate cele trei de asemenea. Intervenţia Mea, prin care devine posibilă

---

[1] Citat din cartea „Conversaţii cu Dumnezeu" de Neale Donald Walsch.

conectarea ta cu Mine, ceea ce întâmplă în prezent, *se datorează puterii cu care te-am înzestrat* la început, meritului tău pentru că ți-ai dezvoltat această abilitate, cu ajutorul instrumentului Meu cel mai eficient și anume experiența, *iar comunicarea ta cu Mine se produce prin sinele care ești, sufletul părinte, prin care Mă manifest în prezent. Sufletul tău părinte este identitatea ta reală.*

Cred că înțeleg atât cât îmi este necesar să înțeleg.

Ar fi bine să înțelegi că te-am ales pentru a transmite mesajul Meu, pentru a deveni un mesager al Meu și am scris despre tine dinainte ca tu să cunoști aceasta.

Ai scris despre mine, unde?

Am scris despre tine și despre mulți alții asemeni ție, mesageri ai Mei și luminători ai luminii Mele impresionante:

„Și de aceea te-am ales pe tine ca mesager al Meu, pe tine și pe mulți alții, pentru că acum în vremurile care vor veni în curând lumea va avea nevoie de multe trâmbițe care să sune, ea va avea nevoie de multe voci care să rostească cuvintele adevărului, dar și de vindecarea după care tânjesc milioane de oameni".

Ai citat un fragment din scrierile lui Neale, ce legătură au cărțile minunatului Walsch cu mine, un om modest născut în București, România, țara de care nu a auzit nimeni nicăieri?

Îți este atât de greu să crezi că M-am referit la tine și la mulți alții care se află într-o situație similară? *Așa cum am mai scris în urmă cu douăzeci de ani, îi cunosc pe toți cei care vor citi acest mesaj.* Aceste scrieri au fost îngăduite pentru a mângâia inimile unor persoane care trăiesc, care încă nu s-au născut sau care s-au întors deja de acolo. *Îi cunosc pe fiecare în parte, știu cine sunt, cum îi cheamă și câte zile vor trăi pe Pământ.*

Chiar acum, cel care citește aceste cuvinte se întreabă dacă se numără oare printre cei despre care îți vorbesc. Adevărat îți spun, acela care a ajuns până aici a fost îndemnat și îndrumat să o facă. Iar pentru acel suflet, care este foarte important, s-au depus eforturi de o asemenea însemnătate încât nu și-ar fi închipuit vreodată un om pe Pământ că Eu le-aș depune pentru el. Aceasta pentru ca planul și promisiunea Mea față de voi să nu fie dejucate ori neglijate. *Voi nu v-ați născut acolo, ați fost trimiși acolo. Ați ales și M-ați implorat să coborâți în lume,* iar astăzi vă desăvârșiți ființa și deveniți asemeni Creatorului vostru cu fiecare clipă, zi sau chiar minut, care trece în „defavoarea" voastră, adică spre îmbătrânire. Ceea ce ați numit fenomenul trecerii timpului, catalogându-l ca fiind un dezavantaj din punct de vedere biologic, *vă*

umple sufletele de slavă şi onoare, vă sensibilizează şi vă aduce
mai aproape de ceea ce sunteţi cu adevărat.

**Eu mă cunosc destul de bine şi nu cred că voi fi capabil să
contribui la împlinirea planului Tău, căci nici măcar nu am
citit Biblia, am răsfoit-o şi m-am oprit doar la unele fragmente
care mi s-au părut mai interesante. Cum aş putea lua parte la
un plan atât de măreţ eu fiind atât de mic?**

Din acest motiv te-am ales, fiindcă nu ai citit întreaga Biblie.
Căci, atenţie, Biblia nu este Dumnezeu, ea reprezintă ceea ce au
interpretat profeţii acum peste două mii de ani că aş fi Eu. Ea îţi
arată calea care trebuie urmată pentru a ajunge la Mine, însă pe
Mine trebuie să Mă descoperi personal, prin experienţa trăită de
tine, prin comunicare directă cu Mine şi prin reamintire.

Atât Biblia cât şi tot ce ştiţi despre Mine reprezintă ceea ce
au interpretat alţii despre Mine, este ce au trăit ca experienţă cei
care M-au cunoscut sau care au crezut că M-au cunoscut. *Există
mulţi oameni printre voi care cred că dacă citesc Biblia şi dacă
împlinesc cu stricteţe tot ce scrie acolo, apoi trăiesc aşa cum au
înţeles că doreşte dumnezeul lor ca ei să trăiască, vor fi mântuiţi,
însă ei sunt departe de desăvârşire. Ei nu îşi deschid inimile, ei
citesc cu mintea şi nu îşi dezvoltă simţirea.*

Adevărat vă spun că orice aş fi scris în acea carte, în cazul în
care aş fi scris ceva, ar fi fost înţeles greşit. *Dacă aş fi poruncit să
vă ucideţi pruncii în Numele Meu aţi fi făcut aceasta, indiferent
că nu aţi fi acceptat ideea.* Mulţi cred că cred în Dumnezeu, dar
cred în ce le-au spus alţii că este Dumnezeu.

Priveşte religiile Pământului. *Priveşte către musulmani sau
credinţa lor, către creştinism, budism, hinduism şi taoism, apoi te
vei convinge de adevărul acesta. Priveşte către bisericile care vă
impun să le credeţi pe cuvânt, în felul acesta să poată rezista ca
instituţii aducătoare de profit. Clasele politice, de asemenea.* Tot
ce doreşte societatea voastră este să vă facă să credeţi fără să cer-
cetaţi şi fără să trăiţi. Vă îndeamnă să priviţi cum trăiesc alţii, să
gândiţi cum au gândit alţii, iar în cele din urmă să faceţi ceea ce
au vrut alţii. M-ai crede dacă ţi-aş spune că lumea se îndreaptă cu
repeziciune în direcţia către care au direcţionat-o alţii în urmă
câteva sute de ani? Ei au văzut cum veţi trăi voi, *au ales cum veţi
trăi voi.*

Cea mai puternică armă este gândul, *gândul este creator.* El
poate fi pace, bucurie, un buchet de flori ori o femeie strălucitor
de frumoasă. Poate fi orice concepeţi voi că ar fi bun. Dar gândul
poate fi şi război, răzbunare, dorinţă de moarte. El poate produce

sentimente cauzatoare de comportamente distorsionate şi reacţii care rănesc, ucid, dezbină şi batjocoresc.

Câte dintre cele pe care le alegi în viaţa ta actuală sunt păreri proprii, dorinţe şi interpretări care îţi aparţin?

Mi-ar lua ceva timp ca să le identific.

Cea mai semnificativă şi adevărată convingere a ta este cea care Mă reprezintă pe Mine. *Tu nu ai acceptat niciodată ceea ce spun religiile despre Mine, nici ce susţin alţi oameni că aş fi Eu. Este de natura ta să nu te supui niciunei teorii, să alegi să o experimentezi mai întâi ca să te convingi de ea. Aceasta este prima calitate şi primul pas în a te cunoaşte pe tine însuţi.*

Încep să cred că mă cunoşti destul de bine.

Eşti de părere că te cunosc destul de bine? Cine crezi că te-a păzit împotriva procesului de manipulare intentat de aşa numita societate democratică creatoare de roboţi, care la rândul lor sunt creatori de profit, profit creator de putere şi putere creatoare de diferenţieri între clase? Definiţia libertăţii democratice a statelor voastre nu este altceva decât închisoarea gândului. Gândul ascuns al conducătorilor îţi sponsorizează subconştientul, *adică gândul din spatele gândului,* şi îi transmite prin experimentarea realităţii faptul că eşti liber să trăieşti după cum vor ei, însă eşti la fel de liber să mori după cum vrei tu. Crezi că dacă Adolf Hittler avea cunoştinţă de acest secret şi folosea puterea gândului în locul armelor mai putea fi oprit din subjugarea planetei? Dar el a pus efectul înaintea cauzei, *acţiunea de a crea gândul în locul gândului care generează acţiunea,* apoi a ieşit şi a strigat:

- Voi cuceri întreaga lume, iar cei care nu mi se vor supune vor muri, am această putere. Şi a avut puterea *un timp.*

Acelaşi lucru vor să obţină şi conducătorii zilelor noastre? El este scopul pentru care suportăm luptele de aici?

Exact acelaşi lucru. Dar întotdeauna în istorie s-a dorit acest lucru. Aşa aţi şi procedat, aşa trăiţi pentru că aşa gândiţi cu toţii. Crezi că acum e pace şi toţi se bat cu pumnul în piept spunând că guvernele lor le oferă pacea şi abundenţa. Pacea aceasta globală este doar o pauză în care naţiunile îşi măsoară puterile, visteriile şi îşi pregătesc armele. *Este liniştea de după şi dinaintea furtunii, aşa cum ai descris-o tu. Mi-a rămas în gând expresia ta căci Mi-a plăcut cum ai descris-o.*

Ce pace este aceasta în care toate naţiunile aleargă pentru a obţine arme nucleare? Ele îşi confecţionează arme sub pretextul apărării, totuşi faptul că îşi consolidează o apărare confirmă existenţa unui atacator. Aceasta înseamnă că se pregătesc pentru ceva ce voi nu ştiţi, ei ştiu ceva ce voi nu ştiţi. Totuşi şi voi cunoaşteţi ceva ce ei nu cunosc.

Cum ar putea un simplu om să cunoască totul, nu pentru aceasta există un Dumnezeu?

Rolul Meu nu este acela de a le cunoaşte pe toate, Eu pur şi simplu le ştiu pe toate. Adevărat îţi spun Eu ţie, nu este necesar să cunoşti totul, ci dacă ai reuşi să îndepărtezi păcatul, deci te-ai curăţa astfel în totalitate şi ai deveni pur, *indiferent dacă te afli în trup ori dacă eşti spirit, dacă trăieşti pe Pământ sau oriunde te-ai afla, dacă ai deveni neprihănit Mi-ai fi egal atât în înţelepciune cât şi în putere. Am deveni acelaşi Dumnezeu, apoi am „trăi" în absolut şi pretutindeni.* Omul are puterea de a deveni Dumnezeu, l-am înzestrat cu puterea de a deveni Dumnezeu. El este scopul fiecăruia şi nu există ceva mai bun de făcut în lume decât să vi-l atingeţi. Căci nimic nu este mai important decât voi, *omul este un univers miniatural în dezvoltare şi tot ceea ce există în jurul lui a fost iniţiat şi creat de el.*

Ce ne împiedică de fiecare dată să ajungem la Tine, de ce greşim la nesfârşit?

Libertatea cu care v-am înzestrat, ea vă trage de fiecare dată înapoi sau vă îndeamnă să greşiţi. Şi totuşi *fără ea nu aţi fi putut să ajungeţi Dumnezeu. Libertatea şi independenţa Îl definesc pe Dumnezeu.*

Of, aceleaşi discuţii şi acelaşi cerc din care nu vom putea ieşi niciodată.

Veţi putea ieşi, probabil peste alte câteva zeci de vieţi.

Ce Te mai amuzi pe seama noastră.

Sunt chiar foarte serios. *Spuneam că eşti pe drumul cel bun, cu toţii sunteţi şi toţi sunteţi minunaţi.*

Cum adică peste alte câteva zeci de vieţi?

Exact aşa cum citeşti.

Mă laşi fără replică.

Uiţi că acum o vreme alergai după plăceri, fantezii şi bani, dar astăzi nu o mai poţi face. Şi nu îţi impune nimeni cum să trăieşti, nici măcar tu, ci alegi de bună voie să nu îţi iroseşti viaţa. Acum o vreme alergai după deşertăciune, escrocherie sau avere, în haos, împreună cu turma, dar astăzi nu o mai poţi face. Alergai după fericire, dar astăzi ai găsit-o.

Am găsit-o?

Ai găsit-o, tot ce mai trebuie să faci este să te obişnuieşti cu ea ca să o primeşti în gloria ei desăvârşită.

De multe ori mi-e greu, sunt secat de energie și simt că nu mai pot, iar alteori zâmbesc, reușesc să mă bucur de lucruri aparent neînsemnate, pe care nu le-am observat până astăzi.

Acum, în vreme ce mă plimb prin grădina Ta, cuget și îmi dau seama că sunt un adevărat sentimentalist, sunt asemeni Ție, nu pot fi altceva, nici altcineva. Mulțumită Ție pot asculta foșnetul frunzelor care cad și se aștern pe pământ. Simt pacea pomilor care și-o dăruiesc unii altora, toți se leagănă și comunică între ei parcă printr-o armonie divină. Este atât de minunat încât aș putea interpreta că Te-am întâlnit. Am ajuns să vorbesc cu Tine în fiecare zi, prin orice modalitate. Cu toate acestea nu Te pot vedea cu ochii.

Dar Eu sunt aici, sunt alături de tine în fiecare zi și Mă plimb lângă tine chiar acum. De unde ai crezut că îți apar aceste sentimente nemaîntâlnite?

Dar de ce nu Te putem vedea niciodată, de ce acest mister și nesfârșita suferință?

Scopul Meu nu este acela de a Mă face vizibil în fața oamenilor, cu atât mai puțin a deveni un idol al vreunuia dintre voi. Eu Îmi descopăr dragostea, nu Chipul. Eu aș putea lua orice formă fizică, dar nicio formă dintre cele cunoscute de voi nu M-ar putea reprezenta în totalitate și nicio formă nu ar putea cuprinde toată măreția și puterea Mea desăvârșită.

Eu Mă aflu chiar în acest moment în fața ta și te privesc. Știu că pare greu de crezut pentru tine, dar te privesc cum Mă admiri. Tu nu Mă poți vedea stând în fața ta, căci ochii tăi nu pot percepe ceva ce nu au fost înzestrați să perceapă. Eu nu sunt materie, Eu Mă fac descoperit prin sentimentele pe care ți le transmit.

Spuneai că ai simțit dragostea, aceasta se datorează faptului că ai cunoscut, prin experiență, absența ei, frica. *În felul acesta te-ai autodeterminat să poți percepe dragostea* în modul în care o percepi acum. În lumea voastră, cea a relativității, un lucru nu poate exista fără opusul lui. Tu nu poți să percepi că îți este cald fără să fi experimentat existența frigului mai întâi. Vei avea doar o senzație, *dar nu vei ști ce înseamnă acel sentiment,* vei crede că temperatura ridicată nu există.

Experiența trăită de voi în lumea aceasta are ca scop luarea la cunoștință a nondragostei, pentru a reuși să Mă percepeți în întregimea Mea absolută. Eu, Dumnezeul tău și al tuturor ființelor care s-au născut și au fost create, sunt totul. Vezi tu, iubitule, Eu aș putea fi natura din jurul tău, aș putea fi sentimentele tale și M-aș putea plimba prin gândurile tale, fără ca tu să îți poți da seama de aceasta. Aş putea fi pământul pe care calci şi aerul pe care îl respiri. Aş putea fi cel care trece pe lângă tine în momentul de faţă, aş putea fi tu sau toate în acelaşi timp şi tot nu M-ai putea percepe ca ceea ce sunt Eu. Căci, până şi Eu Mă minunez de puterea Mea pe care încă o mai descopăr.

Aş putea fi acea nefericită care îşi plânge amarul, lovind cu piciorul în stânga şi în dreapta, blestemându-şi soarta şi bărbatul. Da, aş putea fi acel suflet rătăcit.

Care nefericită, despre cine vorbeşti?

Priveşte în dreapta ta şi o vei vedea.

Într-adevăr, este o femeie tânără aflată în suferinţă, care loveşte cu piciorul în grămezile cu frunze uscate şi adunate la un loc sub formă de moviliţe.

Adevărat îţi spun, orice i-ai face sau orice i-ai spune, nu vei reuşi să îi alini inima cuprinsă de amărăciune. Paradoxul este că strigă către Mine spunând că cineva i-a sfâşiat-o, fără să îşi dea seama că i-a rănit doar egoul, care este mai mare decât iubirea pe care o simte pentru acea persoană. Inima ei se află la loc sigur, acolo nu se poate apropia nimeni de ea.

Îmi pare atât de rău pentru ea, oare de-aş putea să o ajut, dar cum aş putea să o ajut ori ce-aş putea să îi zic? Doar dacă aş încerca să mă apropii ar crede despre mine că sunt un alt profitor, încă unul care se foloseşte de ea şi o lasă, provocând suferinţă. Oamenii şi-au pierdut încrederea în oameni.

Nici dacă M-aş coborî din cer la ea nu ar lua în seamă vorbele Mele. Nimeni nu îi poate explica ce este adevărul până nu îl va înţelege ea singură, până nu îl va trăi ori până nu se va convinge singură de el. *Ea va găsi fericirea pentru simplu fapt că a simţit amărăciunea. La fel se va întâmpla cu fiecare dintre voi.*

Ştiu că acum vrei să Mă acuzi spunând că nu Mă folosesc de puterile supranaturale pe care le deţin ca să intervin.

Exact aşa!

Oamenii interpretează în mod eronat o putere supranaturală sau superioară lor, o aseamănă cu un truc, o magie. Dumnezeu nu este vrăjitor, nici un magician veşnic binevoitor. *O putere supranaturală folosesc chiar în clipa de faţă făcându-Mă auzit.* Chiar acum tu auzi ceva ce urechile tale nu au fost programate să audă. Voi aţi numit-o telepatie ori interpretarea gândurilor prin intuiţie. Acest proces stă deasupra oricărei reguli naturale şi nu va putea fi reprodus niciodată de niciunul dintre voi. Acesta este un exemplu de putere supranaturală, aşa lucrează Dumnezeu. Chiar lucrurile cele mai banale, acelea fireşti, sunt cele mai mari minuni.

Voi pleca cu părere de rău fiindcă am lăsat-o în suferință, fără să îi fi fost de folos cu ceva.

Nu este atât de important să faci fapte bune cât este de important să vrei să le faci, chiar dacă nu ești lăsat sau nu îți stă în putere să le faci.

Ai atins un punct sensibil, trăiesc experiența în fiecare zi. Cum am putea schimba lumea în bine? Când vom reuși să le deschidem ochii tuturor?

Aceasta este lucrarea Mea, cea de a le deschide ochii tuturor. Ție nu îți este necesar să faci nimic pentru a schimba lumea, este necesar să îți schimbi percepția asupra lumii. Și așa ar fi bine să procedați cu toții. Primul pas și cel mai important este să încetați să mai disprețuiți ceea ce nu iubiți. *Acceptați-vă!*

Fiecare om care trăiește astăzi pe Pământ poate să facă ce îi place, el are dreptul să facă orice. *Omul este liber să facă orice.* Fiecare om este liber să aleagă ceea ce crede că e mai bine pentru el *chiar și atunci când ceea ce crede că e bine pentru el este de fapt rău* pentru el. Acela va suporta consecințele alegerilor făcute de el însuși, își va blestema soarta și apoi va spune că e nevoit să pornească din nou de la zero, fără a conștientiza că a căpătat mai multă experiență, iar de această dată se află mai sus decât era în clipa în care și-a început călătoria. *Fiecare experiență de-a voastră aduce o variantă îmbunătățită ființei care sunteți.*

Dar astăzi Pământul geme de nemulțumirile și invidiile dintre voi. Natura imploră atenție ca să vă mângâie privirile și să vă liniștească sufletele. Totuși voi nu o băgați în seamă și nu o iubiți. Voi sunteți indiferenți față de tot ceea ce există pentru voi și vreți să câștigați mereu altceva, ceva ce nu este al vostru ori ceva care este greu de obținut, ca să nu spun imposibil.

Dacă v-aș fi cerut bani în schimbul priveliștei și a liniștii naturii v-ați fi îmbulzit asemeni unor animale pentru a le cumpăra. V-ați fi împrumutat până peste puterile voastre ca să le obțineți și ați fi vândut tot ce dețineți pentru a achiziționa ceea ce Eu v-aș fi oferit. Dar fiind gratuite le loviți cu piciorul, le rupeți, desconsiderând minunățiile care nu v-au costat nimic, apreciind în schimb nimicurile care v-au costat o avere.

Lumea voastră nu ar fi ajuns așa dacă ați fi cugetat la alegerile voastre, alegeri care v-au afectat atât pe voi cât și pe cei din jurul vostru. *Există mulți oameni printre voi care ar fi în stare să sacrifice un miliard de oameni doar ca să se salveze pe ei înșiși. Însă puțini sunt cei care s-ar sacrifica ei înșiși pentru a salva un miliard de oameni.*

Zvonurile că în curând nu veți mai încăpea pe acest Pământ s-au accelerat în ultimii ani. Reacția din care rezultă că zvonurile cu privire la sufocarea planetei au luat amploare este luarea măsurilor prin procesul de descreștere a populației. M-ai crede dacă ți-aș spune că mai marii conducători ai celor mai populare și mai pline de succes corporații ale lumii otrăvesc cu bun discernământ și rea voință mâncarea, scopul fiind cel de a îmbolnăvi popoarele și a reduce numărul populației la nivel global? M-ai crede dacă ți-aș spune că cei mai înstăriți și-au construit buncăre în secret, pentru a se ascunde de mânia ochilor Mei? Ei au ales să lucreze împotriva voastră și sunt înștiințați de intervenția Mea. Suprema ironie ar fi să cruț întreaga omenire și să permit dărâmarea buncărelor lor, care se vor prăbuși peste ei. Deoarece ei nu cunosc un lucru esențial și cât se poate de evident, *acela că și ei sunt tot ai Mei, iar mai devreme sau mai târziu tot la Mine se vor întoarce, este doar o noțiune de timp.* Ei sunt cei cărora nu li se va îngădui a Îmi vedea înfățișarea *și adevărat vă spun, cine nu Mă va vedea pe Mine va vedea mânia Mea, va trăi fără cunoaștere, se va teme când va auzi vorbindu-se despre Mine, iar suferința pe Pământ se va amplifica, va fi de șapte ori mai cumplită.* Toate se întâmplă în zilele actuale, profețiile se împlinesc sub ochii voștri, haosul face victime, oamenii caută moartea iar moartea nu e de găsit. Scopul vieții, nici atât.

Ceva mă împinge să cred că tocmai mi-ai descris iadul.

Încearcă să înțelegi odată faptul că nu există un loc numit iad. *Care ar fi scopul unor vieți mizere, târâte în amărăciune și suferință pe Pământ, dacă după moarte ați fi reprogramați la chin și suferință veșnică? Nu există un loc unde îi trimit Eu pe cei care nu au ascultat Voia Mea, iadul se trăiește pe Pământ.*

Cum M-aș mai putea numi binele absolut dacă i-aș pedepsi pe cei așa numiți oameni „răi"? *Nimeni nu va fi pedepsit pentru ce a făcut sau pentru ce nu a făcut în viață. Nu contează ce faceți cu viețile voastre trăite pe Pământ. Însă, fără a vă uni cu Mine nu veți putea ieși din cercul acesta niciodată și vă veți irosi zecile de vieți care vă sunt oferite în dar* fără a le merita. Acest ciclu se va repeta până când veți redeveni Eu, ceea ce sunteți toți de fapt.

Cei care L-au omorât pe Hristos nu au fost timiși în iad, ci în Rai. Alții trăiesc și astăzi printre voi, fără a fi conștienți cine și ce au fost înainte, nici de acțiunile din viețile lor anterioare. Unii sunt profeți, vizionari și vindecători, care ajută sute de suflete din întreaga lume să dobândească pacea. Fericirea o extrageți fiecare pentru el din lucrurile care vă satisfac.

Ceea ce aţi numit iad nu poate fi descris. Căci, cum aţi putea voi să cunoaşteţi Raiul câtă vreme vă transformaţi vieţile în iad, provocându-vă singuri răul? De fapt *ce este răul sau cine poate decide* ceea ce este rău ori ceea ce este bine? *Binele şi răul sunt două extreme relative, bivalente, cei doi poli ai relativităţii, care nu ar putea exista în mod individual, adică unul fără celălalt.*

Răul este acel ceva ce alegeţi voi să fiţi atunci când faceţi un lucru pe care conştiinţa îl recunoaşte ca fiind din afara voastră, a ceea ce sunteţi în esenţă. *Este ceva rău să omori pe cineva? Cine spune că este rău? Voi decideţi că este rău, Eu nu vă spun că este rău, vă reamintesc că nu aveţi dreptul să o faceţi.*

Iadul este atunci când nu te regăseşti pe tine, iar astfel, nici Eu nu Mă pot găsi în tine. Iadul este ceea ce vei simţi după ce vei muri, este golul vinovăţiei, al regretelor, suferinţei şi ruşinii. Iadul reprezintă frica, cea care vă macină astăzi vieţile.

Oare de câte ori va trebui să vă mai naşteţi şi să muriţi ca să ajungeţi să vă daţi seama de adevăr, atâta vreme cât Eu vi l-am aşternut la picioarele? Eu sunt adevărul vostru. Isus a trebuit să trăiască o singură dată pe Pământ. El şi-a împlinit misiunea şi S-a creat pe Sine Însuşi prin experienţa trăită, Şi-a atins scopul, dobândind astfel rangul de Fiu al lui Dumnezeu. Hristos este asemeni Mie şi sunt Eu, însă voi aţi risipit sute de vieţi fiecare şi aţi trăit în umbră, căutând Soarele ca orbii, fără să conştientizaţi că Soarele sunteţi chiar voi.

Susţii că noi am trăit mai multe vieţi pe acest Pământ sau pe altul?

Vieţi vi s-au dat nenumărate. Vi s-a oferit şansă după şansă şi şansă după şansă, dar majoritatea treceţi prin viaţă ca şi cum nu aţi fi fost pe acolo. *Adevărat vă spun Eu vouă că cine nu va descoperi raiul propriu, în sufletul său, nu va moşteni Împărăţia Mea. Căci cum ar putea cineva să primească ceva, când acela nu vrea nimic, nu îndrăgeşte nimic şi este nemulţumit continuu?*

Ultima afirmaţie certifică procesul reîncarnării. Uau, nu era un simplu mit.

Cine ţi-a spus că procesul reîncarnării *este un mit?*

Aşa am crezut.

Nu există „aşa ai crezut" din moment ce tu atunci când te-ai născut *ai intrat în lumea aceea fără nicio informaţie sau părere, pe toate ţi le-ai format acolo.*

Aşa susţine religia creştină.

Aceeaşi doctrină propovăduită „*crede fără a cerceta*". Eu Mă minunez cum se bucură de succes aceste instituţii, îngheţând sute de mii de minţi, în ciuda evoluţiei umane şi a eforturilor nenumăraţilor vestitori ai adevărului, *vestitori care şi-au sacrificat vieţile pentru a dezgheţa gândirile inerţiale, influenţate de aceste doctrine ucigătoare de gânduri, folosite de egoul care v-a arestat.*

Nici Eu nu v-am impus să Mă credeţi pe cuvânt, nici nu am apărut în faţa cuiva ca să Mă creadă pe cuvânt, ci v-am lăsat pe voi să descoperiţi adevărul, să vă creaţi ca propriu adevăr, inspiraţi de Mine, adevărul imuabil, ca să deveniţi adevăr imuabil.

Simt că obosesc, de fiecare dată aceleaşi şi aceleaşi discuţii! Încearcă să simplifici acest adevăr, fă un rezumat şi fă-mă să îl înţeleg pentru că eşti Dumnezeu, iar după cum ştim deja Dumnezeu poate să facă orice. În schimb Tu vorbeşti aşa, mai mult ca în Biblie.

Dacă ai înceta să mai permiţi atâtor zeci de gânduri străine să îţi străfulgere prin minte o dată la fiecare sfert al unui sfert de secundă şi te-ai concentra la ceea ce scrii, ai fi înţeles până acum. Cu toate acestea îţi voi exemplifica acest adevăr atât de simplu, dar atât de complex:

Eu am creat trupul vostru fizic pentru a trăi, nicidecum pentru a muri. V-am creat trupurile pentru a trăi nu optzeci de ani, nici o mie de ani, ci o eternitate, *adică o veşnicie în veci. Natura trupului vostru nu este, cu siguranţă, deteriorarea sau dezintegrarea.* Trupurile voastre nu oboseau, *nici nu îmbătrâneau,* iar organele voastre nu se uzau. Însă din cauza infiltrării gândurilor *din afara voastră,* numite gânduri „necurate", pe care mai bine le-aţi numi gânduri din afara Mea şi din afara voastră, a apărut dezintegrarea miliardelor de miliarde de *celule vii, care formează împreună microcosmosul după Chipul şi după Asemănarea Mea.*

Atunci când un gând exterior (rău) se aşază în mintea voastră, provoacă dezintegrarea sistemului celular. *Îl afectează şi imediat îl îmbolnăveşte.* Aceste gânduri sunt asemeni cancerului pentru voi. Ura este distrugătoare pentru cel care o poartă faţă de aproapele lui, nu pentru cel care este urât de către el. Invidia, gelozia, răzbunarea, tristeţea, depresia şi anxietatea, *toate acestea vă distrug trupul fizic şi îl îmbătrânesc prematur,* predispunându-l la toate tipurile de boli. Aşadar spusele Evangheliei cu privire la cei credincioşi, cărora le-am promis imunitatea trupurilor în faţa bolilor, deţin explicaţii logice şi toate sunt cuprinse de adevăr.

În concluzie, atunci când mintea creează gânduri bune, *creierul transmite trupului impulsuri energetice pozitive, eliberând substanţe coagulante, care păstrează şi regenerează celulele lui, ferindu-l astfel de afectarea prematură.* Creierului îi sunt necesare până la treizeci de zile pentru a reconstrui reţeaua neuronală afectată de un gând incompatibil. Reţelele neuronale susţin un nucleu cognitiv. Iar o reţea neuronală nouă necesită o atitudine pozitivă realistă, puternică, care devine posibilă doar prin încredere interioară, nu prin credinţă oarbă în forţele exterioare, ci prin autocunoaştere. Reamintirea naşte *puterea cu care v-am înzestrat pe fiecare. Minte sănătoasă în corp sănătos!*

Ordinea creării tripartite este următoarea: *sufletul, mintea şi trupul.* Sufletul comandă minţii să creeze, mintea creează gândurile sponsorizate de suflet, în subconştient, *iar trupul le pune în practică. Sufletul comandă, mintea creează, apoi trupul execută ceea ce sufletul a dorit şi mintea a gândit.* Sigur că odată cu infiltrarea gândurilor exterioare în minte compatibilitatea acestei tripartiţii a avut de suferit. Ele nu vor putea exista niciodată în mod individual, în relativ, ci doar în relaţia unui adevăr unitar: suflet, minte, trup. *Compatibilitatea pură a elementelor care alcătuiesc o fiinţă tripartită se numeşte Dumnezeu.*

Scopul venirii lui Hristos pe Pământ a fost cel de a demonstra faptul că o experienţă trăită în mod individual este posibilă fără ca sufletul să se lase copleşit de uitare. *Isus nu a murit, ci a fost omorât,* cât crezi că ar fi trăit în trup dacă nu aş fi îngăduit de sus crucificarea Lui?

O eternitate de timp?

Da, o eternitate. El a demonstrat că omul merită să trăiască. Cu ajutorul Lui voi trăiţi o eternitate, indiferent de faptul că trăiţi în păcat, adică în neştiinţă. *Voi nu muriţi, vă schimbaţi forma, vă creaţi fiinţa cu fiecare experienţă trăită din fiecare viaţă trăită. Cu toţii sunteţi acelaşi suflet care primeşte de fiecare dată alte şi alte forme, până în ziua când veţi conştientiza că sunteţi Eu.*

Până când vom conştientiza că suntem Tu? Încerci să îmi spui că vom deveni dumnezei sau că vom umple Universul cu miliarde de dumnezei?

Până când veţi conştientiza că sunteţi Dumnezeu, nu dumnezei. *Totul este un întreg şi nu mai mulţi întregi.*

Vezi tu, fiul Meu, *Eu sunt, Eu nu pot exista. Eu exist prin voi.* Prin voi trăiesc experienţe şi voi, adunaţi la un loc, sunteţi trupul Meu. De aceea nu Mă poţi vedea, aşa cum nu îţi poţi vedea nici gândurile, nici sufletul.

Noi formăm trupul Tău. Aşadar, atunci când aleg să îmi ajut aproapele pe Tine Te ajut, fiindcă Tu trăieşti o experienţă materială prin el. În felul acesta devii aproapele meu. Teoria se aplică şi viceversa.

Am scris despre aceste lucruri în Biblie încă de acum peste două mii de ani, dar le-ați ascultat și nu le-ați auzit. *Primește-Mă în inima ta* îți spune ceva?

Îmi spune totul, în sfârșit am înțeles totul!

Nu ai înțeles totul, ai înțeles ce ți-am spus Eu să înțelegi.

Tu chiar nu ierți nimic? Nu putem fi perfecți!

Veți fi, poate sunteți.

Cu toții ne străduim în fiecare zi.

Crezi?

Ce spui despre cei care se declară indiferenți în relație cu Tine, dar par totuși fericiți și au tot ce își doresc?

Nu există fericire în lipsa Mea. De fapt nu există absența Mea, există doar iluzia absenței Mele. Eu sunt fericirea, încântat să te cunosc! Bucuria și fericirea sunt cele mai înalte emoții ale voastre. Fericirea este gândul vostru cel mai măreț, acela mai plin de har, de sensibilitate și speranță, care aprinde în voi flacăra bunătății, a afecțiunii și iubirii.

Fericirea vine din acceptare. Fericirea apare atunci când iubești tot ceea ce vezi în jurul tău, atunci când realizezi că tot ceea ce te înconjoară este de o frumusețe de nedescris, când observi că toți oamenii sunt frumoși și buni indiferent de rasă și de cultură. Atunci când privești sufletul celui rău și observi că este bun ești un om fericit, care vede dincolo de măști. *Aceasta este fericirea.*

Cât despre cei despre care ai auzit ori ai văzut că par fericiți, ei nu sunt fericiți orice și oricât ar avea. Satisfacția, entuziasmul și plăcerea lor, nu au nicio legătură cu fericirea. Ele încearcă să o înlocuiască de multă vreme dar fără izbândă. Una fără cealaltă sunt incomplete. În schimb fericirea este bucurie, o viață trăită cu bucurie.

Cu toate că voi cunoașteți aceste lucruri ați încetat să vă mai bucurați. Tinerii au înlocuit bucuria cu distracția, apoi distracția a fost precedată și ea de o destrăbălare haotică. Adevărat vă spun, am întâlnit ologi, săraci, dezbrăcați, care au atins fericirea, iar *în fața morții Mi-au mulțumit pentru onoarea faptului că li s-a dat să trăiască.* Au fost împăcați cu ce au trăit indiferent de amărăciunea în care au trăit, apoi și-au încredințat liniștiți sufletele în mâinile Mele, știind că suferința lor a luat sfârșit. Și chiar dacă au suferit *i-au iubit pe cei care le-au provocat suferință. Aceștia au fost maeștri ai vieții pe Pământ, ei sunt exemple pentru voi.*

Dar am întâlnit și oameni sănătoși, arătoși, avuți, satisfăcuți de ceea ce dețin, însă cuprinși de spaimă, implorând milă. Ei au fost cutremurați de plecarea lor și au părăsit acest Pământ cu părere de rău, simţind că nu le-au făcut pe toate şi nu le-au trăit pe toate, că mai aveau atâtea dorinţe de împlinit. Ei nu au simţit bucurie, doar plăcere şi o satisfacţie a egoului, sentimente care i-au condus spre mândrie, lăcomie şi nemulţumire de sine.

Dar de ce funcţionează lucrurile în felul acesta? De ce tot ce credem că este bun doar pare că este bun? Pentru ce atâta faţadă, ambalaj?

Nu ţi-am spus despre societatea pe care aţi construit-o că este o iluzie? Începi să descoperi adevărul şi îţi simt dezamăgirea în în raport cu ce ai fost învăţat că este realitatea.

Înseamnă că nu întâmplător am numit răul sau diavolul un iluzionist, este cea mai potrivită asociere în privinţa lui.

Este foarte bună, cu siguranţă, aceasta în cazul în care ar exista un astfel de personaj numit diavol.

Cum pot exista atâtea miliarde de oameni, cu atâtea chipuri şi înfăţişări diferite, fiindcă în ciuda numărului maselor, plus al celor care au trăit deja, niciunul nu este identic, ci toţi sunt perfecţi, fiecare în felul său?

Ai văzut câţi oameni minunaţi am creat? Sunteţi un miracol! Fiecare om este înzestrat cu aspect unic la exterior dar şi la interior, *acesta reprezentându-i identitatea, care a fost numită diversitatea infinită. Dar ea nu se face cunoscută doar la oameni, ci şi astrele cerului sunt unice, fulgii* de zăpadă la fel, *grăunţele de nisip* sau pietrele pământului, toate sunt creaţii unice, *individualizate şi înzestrate cu inteligenţă proprie, mai mare sau mai mică.*

Fiecare fulg de zăpadă a fost creat în aşa fel încât să se creeze singur asemeni vouă. Ei îşi sculptează forme splendide şi impresionante fiecare, şi Îmi încântă privirea cu imaginaţia lor. *Acesta este şi scopul cu care au fost înzestraţi. Ei se formează deasupra norilor datorită elementelor* care fac posibilă formarea lor, apoi cad pe pământ, modelându-se fiecare după gradul imaginaţiei. Şi apoi, odată ajunşi pe pământ, fulgii se topesc şi mor, iar în ciuda faptului că au trăit un timp atât de scurt se bucură de onoarea pe care au primit-o şi Îmi laudă slava şi măreţia.

Adună un pumn de nisip, priveşte-i imaginea mărită de zeci de ori, dar nu vei găsi două grăunte identice. Te vei minuna atunci de puterea imaginaţiei şi de iubirea Mea de a crea materia.

Tată, mesajele trimise către Tine nu mă costă nimic, însă dacă vreau să îmi contactez mama sunt nevoit să plătesc. Este un miracol şi o nebunie totul, eu Îţi scriu mesaje pe propriul smartphone, iar Vocea Ta îmi răsună în minte. Oare încep să îmi pierd minţile?

Posibil şi aşa ceva.

Poftim?

Ce ai auzit.

Nu am auzit nimic.

Eşti sigur?

Sunt sigur.

Acum pe cine încerci să negi, pe Mine sau pe tine?

Pe cine încerc să neg, pe mine sau pe Tine?

Pe Mine nu ai să Mă poţi nega oricât te-ai strădui.

Cum adică încep să îmi pierd minţile?

Vrei să ţi le pierzi?

Cu siguranţă că nu.

Atunci nu ţi le vei pierde, totul depinde de tine ţi-am spus. Tu alegi ceea ce vrei să devii şi eşti cum vrei tu să fii. Tu poţi alege să îţi pierzi minţile şi tot tu ai abilitatea de a ţi le păstra la un loc. Fiecare om care trăieşte pe Pământ are această putere.

Atunci de ce ai spus că este posibil să mi le fi pierdut?

Răspunde-ţi singur!

Răspunde-mi Tu!

Eu, tu, care e diferenţa? Ce om sănătos ar purta un asemenea dialog cu el însuşi în fiecare zi ori *ce nebun ar fi capabil să scrie ce ai scris tu?*

Deci, sunt nebun sau nu sunt nebun?

Eşti aşa cum vrei să fii.

Nu sunt nebun.

Cu adevărat că nu eşti. Şi totuşi, cu siguranţă majoritatea va crede despre tine că eşti, aşa au spus despre toţi mesagerii Mei.

Nu îmi pasă ce crede lumea, totuşi simt că aş trăi un vis!

Ce te face să crezi că ceea ce atingi în fiecare zi este real?

Faptul că ceea ce ating pot vedea şi simţi.

Sentimentele şi gândurile nu le poţi atinge, dar nici nu le poţi vedea. Cu toate acestea le poţi simţi. Aceasta transmite percepţiei tale în ceea ce priveşte realitatea faptul că există.

Dar dacă ştiu toate acestea de ce sunt nevoit să sufăr atât? Suferinţa este reală sau nu este reală, o creăm noi? Eu sufăr cât alte câteva sute de persoane adunate la un loc, plâng des, aceasta este dreptatea Ta? Am obosit să mă mai doară, nu ştiu dacă mă vezi acum, dar sunt în genunchi, zbier şi nu mă mai pot ridica. Ia-mi viaţa, scapă-mă de aceste experienţe neplăcute! Scapă-mă de suferinţă, de lacrimi şi de singurătate! Tu stai şi priveşti din cer sutele de oameni, cum chiuie şi strigă, dansează şi sărbătoresc, dar este unul printre ei care plânge

în timp ce scrie şi crede că vorbeşte cu Dumnezeu. Sunt copleşit de absenţa Ta şi parcă totul mă doboară, de ce m-ai uitat şi pentru ce m-ai părăsit?

Fiul Meu, adevărat îţi spun ţie, suferinţa ta nu este în zadar. Tu ai simţit amărăciunea şi ai fost copleşit de singurătate în deplinătatea ei, astfel, tu vei avea belşug. Mulţi te vor căuta pentru vindecare şi te vor ruga să le alini durerile. Îţi vor aduce daruri scumpe şi nu vei duce lipsă de nimic. Şi toate ţi se vor da în viaţa aceasta, fără loc de interpretare.

Vei avea trei copii şi o nevastă, iar nevasta ta va fi frumoasă şi îţi va fi credincioasă, iar copiii tăi vor fi ascultători. Apoi, la sfârşitul zilelor tale, vei ajunge pur şi plăcut Mie. Atunci va sosi momentul *pentru a veni de acolo. Atunci vei înceta să mai exişti, şi vei continua să fii alături de Mine, vei trăi alături de Mine acolo unde nu există durere, dor sau singurătate, ci toţi vor fi prietenii tăi, copiii tăi şi elevii tăi.*

Ştiu că cele mai multe greutăţi şi suferinţe sunt consecinţele alegerilor mele eronate, ştiu că e vina mea. Spui că trebuie să trăim toate tipurile de experienţe, în felul acesta Tu trăieşti experienţe materiale prin noi. Aceasta înseamnă că noi trăim experienţa de a fi Dumnezeu?

Exact! Ţie ţi s-a dat să trăieşti nenumărate experienţe de a fi Eu spre deosebire de alte câteva sute de oameni adunaţi la un loc. Pe unele dintre ele ai ştiut să le trăieşti ori să le apreciezi, dar pe altele nu, de aceea ele vor reveni asupra ta până vei ajunge să le înţelegi în totalitate. *Pe unele le atragi chiar tu asupra ta, fără să îţi dai seama de aceasta şi le retrăieşti. Sufletul care eşti doreşte să trăiască aceste experienţe pentru a îşi împlini misiunea şi a se forma ca lumină în oceanul de tenebre.*

Dumnezeu trăieşte prin voi milioane de experienţe neplăcute, dar El nu suferă. La fel au făcut şi profeţii din trecut. *Unii dintre ei Mi-au mulţumit* chiar pentru faptul că au fost crucificaţi şi nu au suferit pe cruce, ci au zâmbit, *privind către cer, văzându-Mă în toată slava Mea. Unul dintre ei a trăit o singură dată acolo, alţii irosiţi sute de vieţi ca orbii.*

Trebuie să ajungem ca Tine cu orice preţ?
Alberto, nimic nu trebuie, ci ar fi bine.

De ce nu pot să îmi creez nişte condiţii modeste, mulţumitoare, să trăiesc o viaţă în care să nu îmi lipsească nimic şi să nu mai fiu nevoit să sufăr?

Aşa şi trăieşti, cu toţii vă creaţi confortul în fiecare zi.

Oare nu avem dreptul să ne mulţumim cu atât? Faptul că ne dorim mai mult nu înseamnă lăcomie? De ce să devenim ca Tine dacă este atât de greu?

Pentru că sunteţi Dumnezeu, aţi fost creaţi asemeni Mie şi *nu puteţi fi ceva mai mic decât ceea ce sunteţi în realitatea supremă.* Tu ai puterea necesară să câştigi lumea cu tot cu bogăţiile ei şi să ajungi în vârful societăţii ori conducătorul naţiunilor. *Ţi-am dat puterea aceasta* şi nimic nu îţi poate sta în cale ca să obţii lumea. Singurul care stă împotriva ta eşti chiar tu, deoarece tu ştii că a deveni conducătorul societăţii ar însemna să devii ceva mai mic decât ceea ce eşti, ar însemna să te înjoseşti, să te condamni şi să renunţi la statutul tău de supraveghetor al acestui Univers infinit, mâna dreaptă a Începătorului.

Trăiesc zilnic experienţa de a fi Tu, însă nu îi pot face faţă, sunt influenţat de cei din jurul meu şi devin asemeni lor.

Încetează să încerci să fii perfect, important este că discerni. *Odată ce diferenţiezi relaţiile tot ce îţi mai rămâne este să alegi.*

Aleg în fiecare zi.

Ar fi mai bine să faci tu alegerile, nu să te aleagă ele pe tine. Spune-Mi, de ce îţi cumperi alcool?

Deoarece, de multe ori se strâng toate pe capul meu, îmi vin gânduri dăunătoare care mă determină să nu mă mai pot concentra. Apoi obosesc, iar într-un final până şi Tu pleci de la mine.

Eu nu plec de la tine, tu te îndepărtezi de noi. Lumea în care trăieşti ori „responsabilităţile" tale, ele te îndepărtează. În orice caz, pentru a putea păstra legătura cu Mine îţi trebuie exerciţiu. *Căci cea mai eficientă cale pentru a Îl putea auzi pe Dumnezeu e să îţi imaginezi ce crezi tu că ţi-ar spune dacă L-ai putea auzi.* Iar înainte de a îţi face dreptate, pe bună dreptate, gândeşte: *cum ar proceda iubirea?*

Uaaau!

Ceea ce nu înţelegi, nu îţi doreşti ori nu accepţi, se joacă cu mintea ta şi o face chiar acum, cu scopul de a te forma. Ceea ce te doboară şi te ameţeşte te ridică în slavă, limpezindu-ţi mintea şi privirea. *Fiindcă întunecimea laudă strălucirea luminii Mele, Eu sunt Domnul!* Aşa a fost şi aşa va fi în veci.

Dar eu am avut o viziune cu privire la ceea ce urmează să se întâmple, am văzut imagini dintr-o posibilă viaţă de a mea din viitor. Aceasta mă face să cred că nu voi putea împlini Voia Ta pe parcursul trăirii actuale şi astfel voi fi nevoit să trăiesc

alte vieți iarăși și iarăși. **Nu aș vrea să mai trăiesc o viață, căci dacă aș face-o aș risca să uit tot ce cunosc acum.**

Tu ai văzut „viitorul" tău, Eu sunt aici ca să te îndrum cum să ți-l creezi. *Tu nu trăiești karma ta, tu ești creatorul ei.* Aceasta se numește evoluție și necesită timp. Timpul este creator și face parte din familia Universului.

Ceea ce gândești acum, catalogându-l a fi ceva lipsit de sens, faptul că dacă vei renaște vei uita totul și vei fi nevoit să pornești de la zero, este că această acțiune ți-ar aduce totodată *risipirea altei și altei vieți. Așa și este, vei porni de la zero iarăși și iarăși, dar sufletul tău se va afla mai sus, din ce în ce mai sus. Va fi mult mai plin, mai complet și mai aproape de Mine, de ceea ce ești tu de fapt. Realitatea ta îți spune că tu ești omul iar Eu sunt Dumnezeul. Adevărul este că tu nu ești mintea (omul), ești esența (Dumnezeul).*

Mintea ta va fi nevoită să Mă redescopere, dar sufletul Mă va cunoaște deja, de acest lucru Mă voi îngriji personal. Crezi că în viața ta actuală ai descoperit toate acestea prin propria putere ori datorită vreunui noroc incredibil? *Ți-e teamă că aceste experiențe vor înceta?*

Acțiunile tale dintr-o viață anterioară aveau să te condamne la moartea veșnică. În fața morții ai strigat către Mine, implorându-Mă să îți mai ofer o șansă. Însă în ciuda tuturor rugăminților sufletului tău, totuși ai murit. Ce te determină să crezi că ceea ce trăiești astăzi nu e chiar acea șansă pe care Mi-ai cerut-o, implorându-Mă ca să trăiești din nou? Cu ce te-ar avantaja să cunoști cine ai fost ori ce ai făcut pe durata încarnărilor tale anterioare? Care ar fi fost scopul unei vieți în care nu ai fi fost conștient de nimic, nu ți-ai fi amintit nimic, dacă ai fi avut dreptul la o singură viață, o singură șansă, când bineînțeles ai fi greșit, iar după irosirea ei te-ai fi trezit într-un infern de unde nu te-ar fi putut scăpa nimeni niciodată?

Dacă ai fi cunoscut totul, privind viața doar ca pe un simplu test, cu siguranță ai fi greșit. Atunci, fără îndoială, ți-ai fi căpătat pedeapsa. Însă astfel tu ai scăpat de pedeapsa veșnică, *trăind și luând la cunoștință de adevăr prin Mine, prin moartea Aceluia care a murit pentru voi, prin mesajele de la Mine și prin scrierile care sunt create acum prin filtrul care ai ales să fii.*
Îți mulțumesc.

Tu nu ești pregătit să vii la Mine fiindcă alegi să nu fi pregătit să vii. Însă într-o viață viitoare M-ai putea descoperi de unul singur. Ți-ai putea descoperi printre ruine propria carte, ai citi-o

şi ai înţelege-o, *şi ai putea retrăi aceste sentimentele fără a con-*
ştientiza că tu eşti creatorul lor, fără să ştii că eşti autorul cărţii,
imaginânduţi-l în schimb pe cel care a scris-o, admirându-i înţe-
lepciunea şi lumina minţii. Te vei regăsi citind, vei cugeta la înţe-
lepciunea autorului, vrând să devii un înţelept precum el, fără să
conştientizezi că autorul eşti tu. Într-o viaţă viitoare ai putea să
Mă descoperi pe Mine, *cu ajutorul Meu,* crezând că te-ai desco-
perit tu însuţi prin puterile tale. *Atunci nu va mai fi nevoie să Mă*
descoperi şi împreună am fi Unul.

Cea din urmă descriere care ţi s-a dat a îţi fi arătată este al
şaptelea secret al familiei Universului, secretul întregului care s-a
divizat din Unul, a plecat, deformându-se prin expandare, pentru
a se cunoaşte şi a se reuni în tot.

Ceea ce savanţii actuali au numit o simplă explozie de divi-
zare a supraenergiilor atomului, reacţie *creatoare de materie* sau
„Big Bang", *Facerea, ascunde milioane de adevăruri* pe care ei
nici nu şi le-au imaginat vreodată. Faptul că nu şi le-au imaginat
este pentru ei dovada că aceste adevăruri nu există. Adevărul se
află în faţa ochilor voştri, dar negând un lucru Universul răspun-
de minţilor voastre că acela nu există. E necesar să crezi că un
lucru există ca mai târziu acela să îşi facă apariţia în realitatea ta.
Universul transmite percepţiei voastre faptul că un lucru este real
iar altul este ireal în funcţie de *perspectiva* voastră, de cât anume
reuşiţi să *priviţi. Adevărat îţi spun, acel lucru este mai real decât*
ceea ce poţi tu atinge sau îţi poţi închipui.

Aşadar, tot ce gândiţi şi vă imaginaţi puteţi crea prin materi-
alizarea rodului minţilor voastre. Crezi că va exista vreodată ceva
care să vă stopeze evoluţia?

Nu cred.

Nimic nu vă poate opri şi nimic nu va exista în afara Mea, în
afara a tot ceea ce este. Cunoscând acestea, părăsind realitatea re-
lativă, vei observa că nu mai există poziţii opuse, nici puncte de
reper. Acum imaginează-te plutind prin Univers:

În ce poziţie te afli? Unde este jos şi unde este sus? Care este
stânga şi care este dreapta? Unde este centrul Universului? Tu în
care capăt te afli? Există aşa ceva ce voi aţi numit capăt? Cine a
făcut posibil un început câtă vreme nu era nimic? Până unde se
întinde infinitul? Oare există un singur Univers? Dacă Universul
este infinit tu cum te poţi afla într-un loc anume, undeva în spaţiu
şi timp sau cum poţi să fii acum aici, în prezent? Doar gândul că
nu există un început contrazice din start prezenţa ta aici, acolo,
plasat pe o linie temporală.

Ce punct de reper îţi vei stabili pentru a putea continua că-
lătoria şi ce te va opri din a nu te învârti în cerc până când îţi vei
finaliza existenţa? Eu sunt Punctul de reper al călătoriei voastre
nesfârşite oriunde v-aţi afla. Şi nu veţi muri, Eu sunt Domnul, sunt
Cel care este veşnic viu.

Nu mai pot să zic nimic.

Începe prin a Îmi spune ce ţi s-a întâmplat astăzi.

Astăzi am avut parte de o experienţă bizară, căci am fost
abordat de o femeie care nu era chiar pe placul meu.

Ce te-a convins că acea femeie nu a fost pe placul tău?

Nu a fost destul de evident ce?

Nimic nu a fost evident, din moment ce acea femeie ţi-a şop-
tit tot ce ţi-ai imaginat vreodată în visurile tale şi tot ce ţi-ai dorit
vreodată să auzi din gura unei femei.

Este adevărat că mi-am imaginat, dar nu am dorit să mi le
spună o femeie asemeni celei care m-a abordat astăzi.

Ce nu ţi-a plăcut la ea?

Mă poţi întreba aşa ceva? Era o femeie de pe stradă, neîn-
grijită şi probabil suferea de o boală psihică. M-am oprit să îi
ofer bani ca să îşi cumpere cele de trebuinţă.

Ceea ce ţi-a apărut astăzi în cale nu a fost o simplă amărâtă.
Imaginea ei este imaginea trecutului tău. *Este cea mai bună des-*
criere a gândurilor tale, pe care ai atras-o inconştient asupra ta.
Este suma totală a tot ce ţi-ai dorit în ultimii ani, care încă se mai
agaţă de tine. *Totuşi, în ciuda acestor dovezi, tu continui să spui*
despre tine că eşti slab, chiar acum când gândurile tale au creat o
astfel de situaţie, fără să fii conştient de puterea ta măcar.

Nu cred nimic din ce spui, totul este lipsit de sens! Nu îmi
amintesc să fi visat la o femeie ca cea pe care am întâlnit-o.

Nu?

Nu.

Eşti sigur?

Sunt foarte sigur.

Nu ţi-ai dorit vreodată să auzi din gura unei femei străine, din
gura uneia căreia nu îi cunoşti numele, că eşti un bărbat frumos şi
atrăgător, că ar vrea să se culce cu tine?

Ba da.

Nu ţi-ai dorit niciodată o relaţie cu o străină doar pentru a îţi
satisface plăcerile şi fanteziile?

Ba da.

Nu ai visat niciodată un act sexual cu o femeie indiferent cine
ar fi, ce vârstă ar avea, cum ar gândi sau cum ar arăta?

Ba da, dar, pentru Dumnezeu încetează odată!

Pentru Mine? Cred că era pentru tine, Eu nu simt aceste nevoi și nici nu am dorințe de control și de posesie asupra altei ființe.

Știi bine ce am vrut să spun, acum cine face pe istețul?

Nu ai spus niciodată despre femeia perfectă că ar trebui să fie proastă, mută și bună la pat?

Am spus.

Aceasta este cea mai lipsită de sens, de logică și înțelepciune expresie, cel mai des întâlnită la cei mai mulți tați ori soți veșnic nemulțumiți, *distrugători de căsnicii*, partenere și copii.

Universul răspunde cererilor voastre întotdeauna afirmativ! Majoritatea sunteți inconștienți de puterea prin care creați realitatea din jurul vostru. Unii nu o înțelegeți, *alții nu o folosiți*. Dacă femeia pe care ai întâlnit-o astăzi ar fi trăit singură pe Pământ nu ar fi ajuns astfel, trăind în mijlocul vostru însă a devenit ceea ce doriți voi să existe în lumea voastră. Conștiența colectivă creează victime, spiritul de turmă manevrează masele, egoul stă în vârful societății, oamenii trudesc pentru el și i se închină, care înseamnă că se supun lui.

E destul de dură afirmația Ta, nu m-aș fi așteptat la o așa descriere, aproape că m-a înspăimântat, iar când am primit și propuneri sexuale din partea ei...

Ai crezut că în spatele disfuncțiilor sexuale se ascunde vreun chip de virgină?

Am crezut că e un alt test de-al Tău, deoarece am încetat să mai cred în coincidență, nu mai sunt copil.

Erau destui oameni în jur, de ce crezi că acea femeie a venit tocmai la tine?

Nu știu de ce.

A venit pentru că ai chemat-o.

Nu cred, eu nici măcar nu am observat-o. Chiar am încercat să o îndepărtez ca să mă feresc de privirile oamenilor.

Eu nu am spus că ai chemat-o în mod conștient ori exact în momentul acela, ai chemat-o în ultimii ani. Este ce ai cerut, însă acum încerci să te ferești de ceea ce altădată căutai. Ba ai și mințit-o, de ce i-ai zis că îți aștepți prietena ori soția când tu știi bine că ești încă singur?

Pentru a scăpa de ea. Încetează cu acest subiect absurd și stânjenitor. Recunosc, mi-a fost milă de ea. Da, am visat la tot ce ai scris mai sus, însă nu mi-am dorit niciodată o femeie ca ea, de câte ori mă obligi să Îți spun? Acum mă îndoiesc că voi mai publica acest dialog care nu este de ajutor nimănui.

De ce ai mințit-o? Minciuna ta a rănit-o foarte tare.

Acum discutăm despre afectarea unei persoane pe care nu o cunosc și nu mă cunoaște? Mi-aș putea folosi timpul pentru a cerceta subiecte cu adevărat importante. Dacă îmi spui că discuția de față mă va mântui, aș dori să aflu cum o va face.

Ce ție nu îți place altuia nu îi face. Ai uitat cum strigai către Mine prăbușit în urma refuzului primit din partea femeii pe care ți-ai dorit-o în urmă cu câțiva ani, *cea pentru care ai fi fost în stare de orice* doar ca să trăiești împreună cu ea?

Ce încerci să insinuezi de fapt? Ai fi dorit să mă las sedus de o femeie a străzii, asta i-ar fi plăcut lui „Dumnezeu"? Cine ești? Vreau să aflu cu cine vorbesc, altfel voi încheia dialogul pentru totdeauna.

Nu era necesar să te lași sedus de nimeni, ce ar fi fost potrivit să faci era să îi arăți respect și cu siguranță ar fi fost binevenit un sfat, în schimbul a două monede aruncate în grabă cu scopul de a îi îndepărta cât mai repede cu putință prezența.

I-am oferit respect răspunzându-i la întrebări, spunându-i că e frumoasă în ciuda faptului că arăta jalnic.

Și bineînțeles ai mințit-o din nou, câtă atenție din partea ta.

Mi-a fost milă de ea, am intenționat să nu o fac să se simtă prost, nici să par indiferent ori superior.

Mințind?

Nu înțelegi, era spre binele ei!

De unde știi tu ce e spre binele altuia când tu nu știi nici ce e spre binele tău? De ce te ascunzi și nu scrii tot ce ai gândit?

Am scris tot. Ceea ce am scris este tot ce am simțit ori am trăit. Am promis că voi trece pe hârtie tot ce voi gândi și auzi și mi-am ținut promisiunea. Dar acum mă îndoiesc că voi mai publica aceste mesaje de la Dumnezeu, fiindcă nu cred că va fi cineva interesat să citească asemenea idei și nu aș dori să îmi petrec tot restul vieții fiind considerat nebun. Nu este de ajuns că am atâtea greutăți pe cap și că trăiesc într-o lume plină de deprinderi vătămătoare?

Ce te face să crezi că dacă te va considera cineva nebun va fi neapărat un lucru rău? *Considerându-te nebun poate se vor opri din a îți mai provoca suferința.* De unde știi ce e rău și ce e bun pentru tine? Cum vei putea afla cine ești îndepărtându-Mă de la tine? Tu nu știi cine ești tu, dar vrei cu orice preț să afli cine sunt Eu? *Eu sunt tu sau mai bine zis tu ești Eu, poate o vei conștientiza. Din moment ce aceste scrieri reprezintă cel mai înalt sistem de gândire care există la ora actuală pe planetă mai contează cine îţi vorbeşte? Dar până nu te vei prăbuşi nu vei fi fericit, doar te vei preface, el este mesajul pe care îl dedic omului controlat de ego.* Visurile sunt frumoase şi bune, dar ele nu au ca scop să rămână doar visuri. Tu dacă eziţi în faţa oportunităţilor vieţii rămâi cu privitul. Să intri în lume cu iubire şi să ieşi din ea iubind, aceasta înseamnă puterea. Să fii priceput este darul pe care l-ai primit, să duci până la capăt ceea ce ai început este meritul tău.

Atunci când renunţi la orgoliu şi te laşi învăţat viaţa te întâmpină ca să îţi arate şi alte lucruri, dar când te încăpăţânezi, refuzi şi crezi că ştii totul, ea se dă din calea ta şi rămâi la acelaşi nivel. Dacă toate lucrurile s-ar întâmpla aşa cum îţi plănuieşti nu ai mai putea experimenta, iar viaţa ar fi stearpă, fără credinţă, speranţă şi ţel. Voi cei care trăiţi astăzi clădiţi lumea pentru cei ce urmează să vină. Aşadar, să nu uiţi niciodată că faptele tale, bune sau rele, modelează viitorul copiilor tăi. Iar dacă te ruşinezi cu o parte din tine şi o ascunzi, chiar dacă afişezi jumătate din ceea ce eşti cu adevărat, eşti fals. Un sfătuitor adevărat nu îşi ascunde eşecurile, ci recunoaşte că din ele a extras învăţăturile şi a renăscut.

Când observi că din ce în ce mai mulţi renunţă la calea lor şi îşi schimbă atitudinea din pricina dezamăgirilor, nu te gândi că poate moralitatea sau integritatea nu reprezintă cele mai avantajoase soluţii. În schimb gândeşte-te cu părere de rău la cei slabi, care cad atât de uşor, şi caută să rămâi un stâlp pentru ei. În ziua în care vei saluta un măturător al străzii fără să eziţi să ştii despre tine că ai devenit un om mare.

Din acest moment aleg să închei orice formă de dialog de genul acesta. Voi trăi cum cred eu că e mai bine, sunt liber să îmi filtrez gândurile şi să îmi controlez sentimentele.

Este alegerea ta liberă şi nu îţi voi impune niciodată să faci Voia Mea. De altfel nici nu ai cunoscut-o şi nici nu vei putea să o cunoşti vreodată în totalitate. *Ai cunoscut doar ce ai interpetat tu că ar fi direcţia către care te împing.*

Viaţa trebuie trăită cum crezi tu că e mai bine, nu cum ţi-au spus alţii că ar trebui să o trăieşti. Totuşi Eu te voi aştepta în ziua de 24 decembrie 2012, când te vei întoarce la Mine. *Atunci, vei plânge şi vei regreta alegerile pe care le-ai făcut, pentru care ţi-ai negat natura şi ceea ce eşti cu adevărat,* ne vom revedea şi vom continua împreună această carte. *Până atunci nu uita că eşti parte din Mine, eşti fiul Meu şi te iubesc orice ar fi, oricine ai fi şi orice ai face. Voi sunteţi ceea ce rămâne!*

Schimbarea la viață

18 decembrie 2012, ziua în care am ales pentru prima dată să renunț. Într-adevăr, nu cuvintele m-au determinat să îmi ies din fire, ci presiunea pe care am acumulat-o pe parcursul celor șapte luni de zile. Nu e ușor, mai ales atunci când ești îndemnat să faci ceea ce pare a fi opus alegerilor tale, alegeri despre care ai crezut și crezi că sunt cele mai potrivite pentru tine.

De multe ori m-am oprit în frig și am luat carnețelul în mână ca să notez, printre lacrimi, cuvinte pe care nu le-am înțeles. Jignirile și descurajările primite în mod repetat de la oameni păreau că vor reuși să mă determine să tac, însă nu, nu voi putea să tac. A trecut peste un an de atunci iar cu timpul am devenit mai mare, am devenit stăpânul meu și sunt administratorul gândurilor mele. Am străbătut cale lungă ca să ajung aici. Ajungând aproape prin spitale am simțit nevoia să renunț de zeci de ori. Se pare totuși că inima mea e mai puternică decât am crezut eu că ar putea să fie.

Am scris trei cărți în ultimii doi ani și i-am ajutat pe mulți, am oferit consiliere, sprijin, lumină și speranță. Cred, probabil, dar mai mult ca sigur, că ajutându-i pe alții te ajuți de fapt pe tine.

Viața mea a fluctuat de la un pol la altul, formând o harababură continuă. Astăzi am hotărât să mă stabilesc mai aproape de tine, chiar în mintea ta. Pot să spun că îmi dedic viața ție dragă cititor și bun prieten.

Știu, acum plângi și spui că e nespus de greu, dar nu uita că sunt aici ca să te ajut, el e motivul pentru care mă aflu pe Pământ. Dar poate voi pleca în curând, cine știe? Nu a sosit încă ziua să mă întorc căci nu m-ai cunoscut. Acum știu, eu aleg când vreau să plec. Te întrebi de unde știu? Nu contează de unde știu, important este că eu aleg, și tu o poți face.

M-ai crede dacă ți-aș spune că știu și când te vei hotărî tu ca să pleci? Nu m-ai crede și nici folositor nu ți-ar fi ca să mă crezi, tot ce ai nevoie să faci este să mă asculți. Ar fi bine să mă asculți ca să te oprești din plâns. Este de ajuns, crede-mă, am plâns eu și pentru tine. Am plâns pentru voi toți ca voi să vă puteți iubi.

Am terminat demult de scris această carte, însă am așteptat totuși ceva, probabil permisiunea pentru a ți-o face cunoscută. Și astfel am ajuns la tine. Chiar acum eu mă plimb prin mintea ta și vreau să ți-o alin, simți? *Sunt cea mai sublimă și mai mângâietoare rază vindecătoare.* Deja e prea mult pentru unul ca tine? Nu-i nimic, suntem abia la început. Eu scriu aceste rânduri după mai bine de un an față de clipa în care am început. Și nu, nu mi-a luat atât de mult să scriu o carte, nici pauza pe care am ales să o iau nu a fost atât de lungă. Încăpățânarea mea a durat mai puțin de o săptămână. Iată că în mai puțin de-o săptămână am realizat că tot ceea ce contează ești tu, iar pentru prima dată viața mea a căpătat un scop. Scopul meu e cel de a te îndruma și pe tine să îl găsești pe al tău. Sunt privilegiat să îți împărtășesc experiențele mele și să îți transmit în continuare cuvintele ușoare și vindecătoare ale primei mele cărți.

Curtea plopilor de toamnă

Într-o dimineață de octombrie, în timp ce mă îndreptam spre o adunare de oameni care îi dădeau cinste lui Dumnezeu și zilei de odihnă, m-am oprit în curtea plopilor de toamnă pentru mai puțin de o jumătate de ceas, ca să contemplez și să mă încarc cu energie, admirând splendida dimineață care entuziasmată a decis să mă găzduiască cu liniștea ei.

Ședeam pe banca de pe aleea porumbeilor, respirând aer curat, înmiresmat de frunzele plopilor înalți și umezi, ce se risipeau prin grădină, mângâind pământul cu atingerea lor. Foșnetul aripilor de păsări care zburau deasupra mea mă îmbătau plăcut și îmi alinau auzul cu vibrațiile lor. Covorul umed al solului era pictat într-o nuanță galben/auriu, în care zburdau și alte mii de culori. Ascultam cântecul liniștit al frunzelor care îmi alintau auzul și privirea, iar ochii îi transmiteau minții mele sentimentul păcii.

Pentru prima dată mintea era detașată în totalitate, dezgolită de orice fel de dăunare sau de dorință de câștig, de vreun gând de răzvrătire și dezmăț. Priveam natura, admiram și lăudam lucrarea

lui Dumnezeu, Creatorul, pe care Îl găsesc a fi Singurul demn de
închinare din Universul cunoscut de om.

Eram singur, înconjurat de zeci de păsări care ciuguleau firi-
miturile de pâine din jurul băncii pe care şedeam. Se plimbau li-
niştite, fără a se simţi intimidate de prezenţa mea. Mă încânta să
le privesc. Deodată a suflat un vânt puternic, venind de nicăieri.
A măturat toate frunzele şi a speriat toate păsările, care au zburat
de la mine. Şi în jurul meu nu mai rămăsese nimic, nici om, nici
pasăre sau fiinţă vie. Dar când mi-am întors privirea spre stânga
mea am văzut un porumbel stând nemişcat, parcă hipnotizat, cu
penele zbârlite, încercând să îşi acopere cu aripile privirea.

În continuare porumbelul s-a apropiat şi m-a privit, iar ase-
meni unui sincron ce făceam eu făcea şi el, în direcţia către care
priveam eu privea şi el. Apoi a împrăştiat în jurul lui, parcă fără a
se consuma vreodată, o linişte absolută. Şi niciun rău nu se putea
apropia de el, nimic nu se mişca în jurul lui sau deasupra lui. Am
privit în ochii lui şi i-am recunoscut căldura. Am lăcrimat uşor.

Şi Dumnezeu veghea asupra mea, iar privind în sufletul meu,
găsindu-l copleşit de dorinţa de detaşare faţă de gândurile exteri-
oare, mi-a îmbogăţit imaginaţia cu idei noi, cu soluţii la probleme
şi sentimente pure, iar emoţiile erau de această dată pozitive. Am
fost cutremurat, amintindu-mi cuvintele care proclamau coborâ-
rea Duhului sfânt acolo unde doi sau trei se adună în Numele lui
Dumnezeu, dar eu eram mereu singur, aşa trăiam. Oare datorită
credinţei mele Duhul coborâse să mă vegheze de la nici un pas
distanţă? Era incredibil, puteam sta în prezenţa Lui fiind din cale
afară de murdar. Privindu-mă, m-am văzut asemeni unuia care
ieşind din mlaştina neputinţei încerca a îşi curăţa haina plină de
noroi. Dar fără apa izvorului purificării şi al înţelepciunii în zadar
mă zbăteam pentru a mă albi.

Porumbelul s-a apropiat şi mai tare, dar nu l-am putut atinge,
deoarece mă aflam încă în trupul fizic, nu eram vrednic pentru a
sta în prezenţa divină. Mi-a transmis sentimente plăcute, pace şi
bucurie, şi am fost fericit întreaga zi. Apoi şi-a zbârlit penele şi a
tremurat, a început să se mişte, ciugulind firimiturile aruncate pe
alee, reluându-şi activitatea de pasăre, fiinţă pământească.

Începând din clipa aceea toate celelalte păsări s-au apropiat,
simţind energia cu care am fost încărcat, energie care pluteşte şi
astăzi în jurul meu şi mă va însoţi până la sfârşitul lumii. Oamenii
adoră să stea în preajma mea. Orice discuţie port cu ei este recu-
noscută ca fiind benefică şi cuvintele mele sunt inspirate de sus.
Astăzi ştiu cine sunt, de unde vin şi unde mă voi întoarce.

Sentimente şi scrieri
sub mângâierea răsăritului

Privind deseori spre cer, cugetând la greutăţile care mă apasă, servindu-mi cafeaua pe terasă în zorii dimineţii, am privilegiul să observ ceva ce nu am mai observat până astăzi şi anume, frumuseţea răsăritului de soare. Îmi amintesc vag să îl mai fi urmărit acum o vreme odihnindu-mă pe nisipurile Constanţei. Totuşi, la vârsta de aproape douăzeci şi şase de ani mi-am dat seama că nu l-am privit niciodată cu adevărat, nici nu am intenţionat să o fac. Oare am fost orb să pierd 9478 de răsărituri de soare, fiindcă am fost ocupat, *cu ce?* Nu mi-am putut sacrifica doar trei minute din nesfârşitul maraton spre nicăieri, ca să privesc ceea ce a fost creat cu scopul de a mă încărca cu energia necesară, cea pe care o caut zilnic în dozele cu băuturi energizante?

Suspin, gândindu-mă la unul fără vedere, un nefericit care nu l-a privit vreodată, dar care îşi imaginează cerul mai frumos decât l-am privit eu până acum. Îmi pare rău, iar, odată cu căirea mea sunt străpuns iată de răspunsul la o întrebare pe care nu am apucat niciodată să o pun. Fără loc de îndoială, noi suntem cei care avem nevoie de lumina şi căldura soarelui, nicidecum, el nu depinde de noi. Gândind la acestea realizez că dacă vrei să te bucuri de soare, să iubeşti natura, să ajuţi la stoparea defrişării pădurilor, poluării oceanelor, aerului şi să contribui la campanii împotriva aruncării reziidurilor peste întinderile „umilei" planete, nu eşti în măsură să te proclami un erou care a contribuit la salvarea ei, fiindcă nu planeta este salvată, tu eşti salvat. Nu natura are nevoie de ajutor, *tu ai. Căci tu vei muri înaintea ei.* Gândurile de ocrotire a naturii vin de la Dumnezeu, cu scopul salvării resurselor, privind supravieţuirea omului în viitor.

Întorcându-mă dar la sentimentele ce izvorăsc din interiorul meu, observ splendoarea răsăritului la marginea cerului întins. Ce nuanţe de culori, bogăţii şi sentimente *transmite liniştea dimine-ţii,* care îmi cântă şi îmi şopteşte că trăiesc. *Şi adevărat vă spun, nu există privilegiu mai mare faţă de acela de a trăi.*

Printre norii aşezaţi parcă cu pensula Pictorului divin zăresc sfera roşie de foc, care îmi mângâie obrazul cu razele ei calde şi plăcute la atingere. Ea îmi poartă gândul prin zări şi în depărtări, imaginându-mi locuri în care nu am mai păşit, dar totuşi parcă le cunosc. Aşa că zâmbesc şi încep să îmi imaginez:

Îmi imaginez să fiu un călător tot restul vieţii mele, un însetat de cunoaştere, un admirator pentru creaţie şi o fiinţă umilă, cu un suflet bogat şi atât de luminat. Iar de-aş avea aripi să zbor, mi-aş odihni trupul pe crestele munţilor înalţi, ca să fiu cât mai aproape de adevăr, de spirit şi de esenţa umană.

Îmi imaginez că plutesc lent deasupra pădurilor tropicale care purifică aerul întregii planete, eliminând oxigen curat, iar eu adulmec mireasma pură direct de la sursă. Traversez Nilul de la un capăt la altul, privind vieţuitoarele sălbatice, rudele omului îndepărtat, aşa numit primitiv. Dar cei care îl numesc astfel sunt mai sălbatici şi mai puţin înţelepţi decât el.

Visez că planez deasupra celor mai renumite cascade şi prăpăstii, peste întinderile deşertului. Simt stropii de ploaie cum îmi alină faţa şi mă ridic deasupra norilor şi furtunilor ca să pot privi de sus luminile fulgerelor care trosnesc şi cad pe pământ. Vreau să cutreier polii fără a îngheţa. Peisajele Antarcticii să mă hrănească, iar aurora boreală să mă învelească şi să mă încălzească. Să pot număra stelele în noapte şi fulgii de zăpadă într-o clipă, ca să aflu care sunt mai numeroşi. Să mă întorc la ai mei cu drag şi să îi privesc, îi iubesc. Apoi vreau să mă retrag singur pe un deal, citind la lumina lunii, iar dimineaţa următoare să mă poarte către noi călătorii.

Vreau să mă plimb printr-o dimineaţă de poveste, explorând o pădure deasă de brazi cu trunchiul gros. Sub ghete să îmi pocnească beţele crengilor uscate, căzute de mai bine de un an, timp în care mi-au aşteptat venirea. Imaginea mentală este demnă de aplaudat, iar eu calc cu grijă ca să nu stric pictura. Totul e umed, razele abia dacă se zăresc. Ies la marginea pădurii şi întâlnesc un lac. O ceaţă deasă se ridică deasupra apei, care mă face să cred că sunt în mijlocul oceanului. Privesc spre un drum de piatră ce îmi aminteşte de uliţa pe care îmi toceam cizmele în copilărie.

Iată că scriu aceste rânduri plin de bucurie şi entuziasm, dar şi mirare. Dacă un singur răsărit de soare ascunde asemenea frumuseţe, sentiment, imaginaţie şi un izvor interior care mă poartă în istorie, peste meleaguri, ţări, anotimpuri şi timpuri, imaginaţi-vă unde aş fi ajuns acum dacă mi-aş fi deschis inima şi celorlalte 9478, cărora nu le-am oferit niciodată atenţie.

În vreme ce vorbeam cu Dumnezeu, admirând cerul înnoptat și stelele miraculoase, am simțit Prezența divină care S-a coborât pentru a îmi da de veste cu privire la ceea ce urmează să se întâmple după ce voi pleca. Eu eram slab, corpul îmi tremura, vederea îmi încetase, urechile parcă îmi plesneau și m-am întins cu fața la pământ implorând să nu pier. Privirea mi-a fulgerat, un fior m-a cuprins și am întrebat ce se întâmpla cu mine, dar nu am primit răspuns. Căpătând în cele din urmă curaj, am cerut să mi se arate ce trebuie să văd sau ce trebuie să scriu. Și am văzut:

Erau orașe pe Pământ, asemeni unor sfere imense, acoperite cu un material alb, rezistent, similar celui al pânzei de păianjen. În centru am văzut un stâlp a cărui formă era asemănătoare celei de clepsidră și se întindea de la sol până în centrul părții superioare a sferei. Iar eu mă aflam în interiorul acesteia, fără să pot să ies afară. Din câte am înțeles părăsirea incintei era interzisă.

Din stâlpul în formă de clepsidră ieșeau, zburând, autovehicule personale performante și de transport public, care coborau și se ridicau. Mișcarea era similară traficului auto actual.

Afară nu mai existau plante, flori, niciun fir de iarbă. Oamenii trăiau doar în interiorul sferelor, care erau luminate de o lumină galbenă artificială. Orașele păreau asemeni unor mere văzute din interior. Stâlpul în formă de clepsidră, de asemenea, era asemeni unun cotor de măr, iar vehiculele roiau în jurul cotorului precum roiesc albinele în jurul stupului.

Imaginea descrisă este tot ce am putut să rețin și nu am înțeles semnificația viziunii, care a dispărut imediat, durând numai o jumătate dintr-o jumătate de secundă. Când am ales să descifrez viziunea și am luat stiloul în mână, mi s-a clarificat:

Aceste sfere erau de mărimea a aproximativ patru stadioane de fotbal și deserveau ca orașe de locuit, complet sigilate. Centrul din al cărui interior ieșeau vehicule zburătoare, erau locuințele oamenilor, o clădire gigant, în care mărimea fiecărui apartament era mai mică decât o cameră modestă de birou. În spațiile acelea înghesuite oamenii aveau tot ce le era de trebuință. Interiorul era asemeni unui mall sufocat de magazine. Aceste orașe, după cum am spus, erau izolate, totuși beneficiau de sisteme de climatizare performante care purificau aerul și îl făceau respirabil, semn că tehnologia și organizarea avansaseră.

Acestea erau condițiile lor de viață. Și durata mediei de viață a oamenilor scăzuse, iar din cauza condițiilor nepotrivite, a lipsei vegetației, se îmbolnăveau mulți, mureau prematur. Pe parcursul existenței lor nu aveau privilegiul să privească natura pământului care îi găzduia. Fiindcă pământul era otrăvit, și aerul era otrăvit. De asemenea, plantele erau uscate, nimic nu mai creștea pe fața Pământului. Cerul avea o culoare galbenă portocalie iar câmpiile se transformaseră în deșert. În păduri zăcea doar piatră arsă, iar apele deveniseră la culoare roșu maroniu.

Oamenii erau nemulțumiți de viețile lor și viețile lor deveniseră parcă un blestem pentru ei. Nu se mai iubeau și nu își mai vorbeau. Gradul lor de înțelepciune scăzuse, tehnologia digitală încă mai era. Copiii își părăseau părinții și familiile la vârste fragede, bărbații locuiau singuri iar femeile la fel. Și nu mai existau parcuri, teatre, cinematografe. Locuitorii se duceau la serviciu și apoi erau transportați către casele lor, acolo unde aveau tot ce era necesar dar din care nu foloseau aproape nimic. Viețile lor erau pustiite de orice fel de învățătură, de culoare sau vreun gram de cinste sau entuziasm. Nu mai știau cine sunt, nici ce au de făcut aici, în schimb ei căutau doar plăceri, în funcție de câte mai erau disponibile, căci majoritatea se bazau pe stimulența virtuală. Cât despre Dumnezeu, nu auziseră, ci aceia dintre ei, puțini la număr, care auziseră despre Creator, își imaginau să fi fost vreun vechi conducător ori un actor celebru, care a trăit cu mult timp înaintea Marii Căderi Politico-Religioase sau așa cum îl numesc unii, Al Treilea Război Mondial Mental și Spiritual. Mesajul este adresat celor care vor alege să rămână în mintea veche, prizonieri ai firii umane, și este prima atenționare[2].

---

[2] Multe alte detalii mi-au fost revelate în volumul al doilea. Pentru o înțelegere cât mai amplă cu privire la acest subiect recomand cartea „A doua Venire".

CAPITOLUL II

Iată că am revenit la Tine, aşa cum mi-ai spus că voi face. Este seara de 24 decembrie, ziua în care ai stabilit că ne vom reîntâlni. Recunosc, a trecut ceva timp, iar acesta este timpul în care rătăcesc prin absenţa Ta, este timpul în care încetez să cred că mă voi mai întoarce şi încetez să Te mai ascult, cu toate că Tu nu încetezi niciodată să îmi vorbeşti. Am spus că nu mă voi mai întoarce şi totuşi sunt aici. Ce trebuie să scriu ori ce vrei să îmi arăţi?

Multe fiul Meu, multe. Însă înainte să priveşti ceea ce ţi-am arătat deja, ceea ce vei conştientiza că ai văzut numai după ce vei pleca spre casă, *spune de ce crezi că alegi să pleci, să rătăceşti, după care revii iar şi iar, apoi rătăceşti din nou, te mânii şi revii, iar Eu îţi îngădui să o faci la nesfârşit?*

Fiindcă eşti Dumnezeu şi eşti atotputernic, neschimbător şi bun, pentru că eşti dragoste iar dragostea iubeşte necondiţionat şi iartă de fiecare dată.

Niciunul dintre acestea nu este motivul pentru care îngădui Eu rătăcirea voastră iarăşi şi iarăşi, nici a ta şi nici a celorlalţi. Cum s-ar putea defini binele absolut prin îngăduirea la rătăcire şi pierzanie a creaţiilor sale? Ce tată şi-ar iubi fiul atât de mult încât să îngăduie prăpădirea lui, ca rezultat al alegerilor eronate ale fiului? Dacă tatăl şi-ar ignora copilul în loc să intervină, pe motiv că fiul a ales greşit, ar decădea din poziţia de tată. *Crezi că ai nevoie să te iert, pentru ce? Dacă gândeşti aşa, iubitule, aminteşte-ţi că iertarea a avut loc deja.*

Un motiv real pentru care pleci este că ai nevoie de o pauză, ai nevoie de odihnă. Sufletul care eşti nu oboseşte niciodată, însă trupul şi mintea care ţi s-au dat da. Mintea ta primeşte informaţii noi, care îţi consumă foarte multă energie în fiecare zi.

Ai ales să crezi şi eşti foarte convins de faptul că Dumnezeu îţi vorbeşte, iar tu Mă auzi prin conştiinţa ta. Spui că atunci când pleci de la Mine încetezi să Mă mai auzi ori Eu încetez să îţi mai vorbesc. Adevărat îți spun, dacă Mi-ai auzi cu adevărat Vocea ai muri negreșit, ori pentru a Îi auzi Glasul lui Dumnezeu ar trebui mai întâi să mori pentru a Îl putea auzi, ar trebui să încetezi să mai exiști în formă și să îți începi viața prin *a fi*. Ar trebui să treci de la existența materială la cea liberă, angelică, până la divin. *Există milioane și milioane de îngeri, ființe sfinte, energii pure, care nu Mă pot vedea, creații strălucitoare care laudă măreția Mea fără încetare dar fără a Îmi putea vedea Chipul. Încă nu ați ajuns la desăvârșire, chiar dacă unii ați mutat munții din loc cu credința, chiar dacă alții ați populat planete, ați fost uciși pentru Mine și ați înviat din morți.*

În cazul tău cum ai putut să crezi că vorbești cu Mine direct, *cu Tatăl, cu Cel mare, și cum Mi-ai putut cere să Mă arăt?* Procesul prin care îți creezi acum ființa se numește îndumnezeire, așa numita adeziune la divinitate, ascensiunea. *Ea se produce atunci când mintea își amintește că sufletul din trup e Dumnezeu.* Faptul că ceea ce auzi cu mintea și apoi transcrii pe hârtie îți consumă foarte multă energie se datorează procesului mental care creează Vocea Mea în subconștientul tău. Este vocea sufletului care ești, care tânjește pentru a fi ceea ce mintea a uitat că ești. Iar Eu nu îți vorbesc acum, ți-am vorbit la început. Astăzi îți amintești ceea ce ți-am vorbit și ce îți voi vorbi, fiindcă începi să te aliniezi cu prezentul. Lucrurile nu sunt chiar atât de complicate precum par.

Oricât de greu de înțeles ar fi pentru o minte de om îți spun că tu îți amintești ceea ce îți voi vorbi și invers. Eu sunt Domnul, Eu sunt peste tot în spațiu și timp, sunt la început și la sfârșit în toate capetele Universului. *Eu sunt Alfa și Omega, Începutul și Sfârșitul, Yin și Yang, Sus și Jos, Bine și Rău, Mare și Mic. Nu vei putea fi conștient în totalitate de adevărul ascuns în această afirmație pe care ai scris-o acum.*

Sau pe care am scris-o împreună.

Exact. Și nu citiți acest text căutându-i defecte, căutați-i perfecțiunea, ca să reușiți să o identificați și priviți, ca să vă hrăniți și să vă curățați. Defectele pe care le găsiți în cartea de față se află în voi, sunt piedicile și disfuncțiile pe care le-ați acumulat pe parcurs, voi, fii de Dumnezeu care v-ați născut perfecți. Ideile și afirmațiile care vă dau bătăi de cap și vă testează credința sunt cele mai adevărate. În special cele care vă întorc cu susul în jos datinile și prejudecățile.

Totuși, nu înțeleg ceva. Dacă ființele acelea strălucitoare, sfinte, despre care ai vorbit, care sunt mai evoluate decât mine, nu Te pot vedea, cum Te-aș putea vedea eu?

Eu nu am spus niciodată că sunt mai evoluate decât tine.

Ai spus că trebuie să ajungem la angelic sau divin, iar eu mă aflu încă la stadiul de om. Este ca o scară imaginară.

Am spus, dar pentru a deveni ca Dumnezeu trebuie mai întâi să treci prin toate formele de întuneric. Mai exact, *e necesar să trăieşti experienţe materiale în cele mai joase lumi şi abisuri.* Ele încă nu au trăit, ci îşi aşteaptă nerăbdătoare rândul. În schimb tu trăieşti şi retrăieşti acestea ca să te creezi. Ele sunt conştienţe din lumină pură, *neindividualizate,* care plutesc prin absolut, ceea ce ai fost şi tu cândva. Toate aşteaptă să se creeze individual, apoi să redevină Unul. Dar tu o faci deja de foarte mult timp.

Ce insinuezi?

Că rătăceşti pe acest Pământ de foarte mult timp. Totuşi, nu te-ar ajuta cu nimic să afli numărul anilor tăi de evoluţie, nu va fi cazul să insişti pe această temă, nici folositor nu ţi-ar fi ca să ştii. Va fi cazul să înţelegi că este foarte mult timp. De data aceasta te afli pe drumul cel bun, cu toţii sunteţi pe drumul cel bun şi niciunul din câţi v-aţi născut şi vă veţi naşte pe Pământ nu veţi muri. Ea este promisiunea şi legământul Meu cu voi, pe care îl închei acum cu tine.

Nu există moarte. Cel care v-a iertat a făcut-o o singură dată, El nu este nevoit să vă ierte în fiecare zi, de sute de ori pe zi, pe fiecare în parte. Încetează să te mai chinui să devii perfect, tocmai ambiţia ta de a te sfinţi te aruncă înapoi în mulţime. Oricât te-ai strădui să devii un sfânt nu vei reuşi, cel puţin nu vei reuşi în următorii zeci de ani. Ce ţi-ai imaginat tu că aştept de la tine este ce ai interpretat că ţi-ar cere Dumnezeu. Eu spun că nu cer nimic şi nu am nevoie de nimic de la oameni. Eu ofer, nimic mai mult. *Ofer fără intenţia de a primi ceva în schimb! Ar fi bine să fiţi cu băgare de seamă la alegerile a ceea ce aţi vrea să fiţi iar cu ajutorul Meu să ajungeţi să fiţi.*

Voi vă naşteţi pe Pământ şi nu ştiţi cine sunteţi, dar este Unul care vă creează şi vă recreează, făptură după făptură. Acela ştie cine sunteţi şi cine aţi fost înainte să vă naşteţi acolo. Adevăr vă spun Eu vouă, nimic nu piere, totul se transformă, *totul evoluează şi se îndreaptă către ceea ce înţelegeţi acum prin „bine", ca mai târziu să se reîntregească aşa cum este scris.*

Crezi că cei care Mă prigonesc vor fi judecaţi sau pedepsiţi? Crezi că Îmi voi provoca vreo afecţiune? Te asigur că nu, *ci am venit aici ca să îţi reamintesc că nimeni nu va fi judecat. Cei care au ucis Cel mai plăcut suflet care a trăit vreodată pe Pământ sunt în Rai. Unii se află în Rai, alţii încă mai rătăcesc prin lume.*

Cei care L-au crucificat pe Isus se află acum în Rai?
Mă întrebi de parcă nu ar fi destul de evident. Isus i-a iertat pe cei care L-au crucificat înainte ca ei să Îl fi urcat pe cruce, chiar înainte să aleagă să vină pe Pământ. La fel ați făcut fiecare dintre voi. „Iartă-i Tată că nu știu ce fac" înseamnă ceva?
Înseamnă totul și îmi spune totul. Tot ceea ce trăim astăzi este un proces de formare. Nimic nu va pieri, nu există rău și nici bine, există doar situații și evenimente pe care mintea le percepe prin a fi bune sau mai puțin bune, în funcție de programarea ei. Același adevăr se aplică în cazul lui „corect sau incorect" și „potrivit sau nepotrivit".

Universul poate fi asociat cu un magazin din care putem cumpăra ori testa orice produs, ca la sfârșitul vieții să le evaluăm calitatea și să alegem ceea ce ne reprezintă ori ce dorim să păstrăm pentru noi, mai departe, în următoarele călătorii. Ar putea să mă pedepsească Dumnezeu pentru faptul că am cumpărat un produs care nu este bun? Și cum aș putea să știu că un produs nu este bun atâta timp cât nu am luat la cunoștință întrebuințările aceluia și nu i-am simțit întunecimea?

Acest lucru nu este posibil, aici totul ține de perspectivă. Printr-un simplu gând noi vedem o întâmplare ca fiind bună sau ca fiind rea. Ea este doar o întâmplare neutră, care poate fi percepută de mine ca fiind bună, iar de fratele meu ca fiind rea. Așa se naște rezistența, dar și armonia.

Exact, doar că în schimb voi alergați să vă faceți de lucru ca să nu vă rămână timp să gândiți pentru voi, metoda fiind aceea de *a îndepărta suferința prin a vă ascunde de ea, în loc să vă rezervați timp pentru a găsi cheia detașării definitive* și soluția pentru acceptarea acesteia ca parte din ceea ce ați ales în trecut. Și astfel amânați dezastrul, inevitabila întâlnire cu voi înșivă. Manifestați indiferența față de voi înșivă din lipsă de cunoaștere.

Voi puneți accentul pe lucruri nefolositoare, îmbrățișați visuri care vă poartă către nicăieri, dar odată ce ajungeți vă dați seama că nu vă aflați acolo unde ați vrut să fiți și tot mai bine era înainte să vă aventurați. *Spuneți că întreaga lume se îndreaptă spre rău,* gândiți că oamenii se duc la autodistrugere iar cu cât vă înmulțiți pe Pământ cu atât vă înstrăinați unul de altul. *Dar Eu vă spun că omul se îndreaptă înspre bine. De moartea egoului nu veți scăpa niciunul,* însă ce importanță ar avea o existență materială eșuată, greșită ori pe nedrept luată, o jumătate de viață trăită în neînțelegere și vicisitudine, față de o eternitate ca ființă independentă? *O ființă creatoare de sine și de tot ceea ce se află în jurul ei, de la materie până la spirit în toate tipurile de dimensiuni. Una veşnic călătoare, exploratoare şi neobosită, niciodată plictisită, mereu strălucitoare şi evoluţionistă, care creează la rândul ei tot ce am creat Eu, pe voi toţi şi tot ceea ce este.*

Imaginează-ţi dar un Punct, un Punct format din alte miliarde de puncte lipite între ele, care formează un întreg. Fiecare punct, element vital al Punctului tot, este creat după Chipul şi Asemănarea întregului, adică din alte miliarde de puncte, formate din alte miliarde de puncte, fără a se sfârşi vreodată. Infinitul nu înseamnă ceva care nu deţine un capăt, el înseamnă ceva al cărui capăt poate fi întins la nesfârşit, fără a putea fi ajuns vreodată. Eşti pregătit să accepţi această provocare? Eşti gata să îmbrăţişezi ideea de a deveni Dumnezeu, *a îţi crea universul propriu* şi pe tine ca supraveghetor al lui? Ce te face să crezi că acest Punct nu se va diviza la nesfârşit? *Singurul obstacol din calea lui ar fi tehnologia telescopului şi a microscopului, incapabile să poată observa acest proces. Cu toate acestea unealta de care aveţi nevoie sunt Eu. Acest minus infinit deţine şi un plus infinit.* Crezi că cele două elemente, având polarităţi diferite, nu sunt egale? *Eu sunt Cel de la care a plecat nimicul, nimic care creează, apoi adună totul la un loc, pentru a se reuni în tot, un tot în prezenţa căruia va lua naştere alt nimic care va crea un tot şi tot aşa.*

Dacă lucrurile funcţionează în modul acesta înseamnă că nu există un singur Punct, în interiorul căruia noi ne creăm în prezent. Nu eşti un singur Dumnezeu, ci mai sunt şi alţii la fel ca Tine sau şi Tu eşti parte din ceva, ceva care a plecat de la ceva şi s-a creat individual, apoi a devenit o persoană care a creat la rândul ei alte persoane.

Eu sunt Dumnezeul tău, sunt singurul tău Dumnezeu. Tu nu vei putea să cunoşti niciodată altceva în întreaga ta existenţă. Eu sunt ceea ce poţi tu înţelege, sunt ceea ce ştii şi ceea ce nu ştii, şi este de ajuns ceea ce ştii că sunt. Cu toate acestea şi Eu sunt parte din ceva şi sunt ceea ce sunt. *Sunt Cel care S-a creat şi care nu a fost creat, sunt Cel care era şi care va fi în veci.*

Dar unde este Dumnezeul care stă deasupra tuturor?

Aici, Eu sunt.

Aş da orice să pot înţelege totul.

Totul nu poate fi cuprins în nicio carte, în niciun cuvânt din nicio limbă, nici în toate cuvintele tuturor limbilor adunate la un loc. Totul nu poate fi ajuns din urmă niciodată. Nu este de ajuns să Îmi oferi viaţa ta ca să ajungi să ştii totul şi nici nu vei putea vreodată să cunoști atât. Nu este de ajuns ca toți locuitorii lumii să își sacrifice viețile ca tu să afli totul. Prețul este mult mai mare.

Totul nu există încă pentru voi, el devine totul, se dezvoltă, evoluând cu o viteză de neînchipuit în fiecare sutime de secundă.

Astăzi, dacă ai putea deveni ca Dumnezeu și desigur, ai reuși să cunoști totul, a doua zi când te vei trezi vei realiza că nu ai știut nici jumătate din ceea ce a devenit în prezent totul.

Motivul pentru care te-am chemat este cel de a privi în jurul tău și a înțelege odată pentru totdeauna faptul că *ceea ce am creat Eu pentru voi și ceea ce înțelegeți voi că este lumea sunt lucruri total diferite.*

Lumea pe care ai creat-o pentru noi e pură. Privesc în jur și văd un peisaj magnific, pătruns de un alb strălucitor. Văd fulgii de zăpadă care se aștern peste tot, alcătuind mantaua inocenței și a divinității. Însă tot ce atinge omul se întinează, se erodează, se ofilește. Zăpada câmpurilor este albă, neatinsă, în schimb trotoarele piețelor aglomerate s-au transformat în grajduri, sunt pline de noroi și murdărie. Într-adevăr, noi ne îngustăm căile și ne ucidem oportunitățile. Oare de ce nu ne putem dezlipi și pluti?

Deoarece mintea vă dictează realitatea pe care o trăiți. *Ceea ce trăiți este exact ceea ce gândiți, spuneți și faceți, ca mai târziu să deveniți exact gândul pe care l-ați ales. Nu Îl va descoperi pe Dumnezeu unul care nu are nevoie de Dumnezeu, care trăiește în neștiință și nici măcar nu știe acest lucru. Doar celor care strigă către El Tatăl îi ascultă și li Se descoperă în tot.*

Eu nu Mă supăr pe cei care nu Mă cunosc sau nu au auzit de Mine, nici pe cei care au auzit de Mine și au cunoscut Voia Mea, dar nu au împlinit-o. Cei care M-au cunoscut și nu M-au primit la ei vor cunoaște suferința provocată de alegerile lor, care se va întoarce împotriva lor și în final îi va doborî. *Nu există păcat, în sensul pe care i l-ați dat voi, există doar alegeri oarbe care vin însoțite de consecințe și alegeri conștiente care aduc beneficii.*

Eu nu judec, nu condamn și nu provoc niciun fel de suferință nimănui în veci. Este de natura Mea să nu o fac, am promis că nu o fac și nu o pot face. Orice gând, cuvânt sau proverb, care spune despre o persoană că a pedepsit-o Dumnezeu, *gândind despre un amărât că l-a pedepsit Dumnezeu,* e o simplă mască care ascunde ignoranța față de semenii voștri. *Eu nu Mă pot vătăma pe Mine Însumi, nu Îmi pot provoca vreo afecțiune, nici nu pot lua decizii greșite crezând că iau decizii corecte. Spre deosebire de voi nu intenționez să obțin ceva, eliminând posibilitatea de a dăuna ori amenințarea cu autodistrugerea.*

Gândurile voastre zilnice, alese ca fiind corecte sau greșite, *indiferent de natura lor,* vă afectează și provoacă neliniște atât în interior cât și la exterior. Ele împrăștie vibrații care atrag asupra voastră ori îndepărtează de la voi.

Și gândurile bune și cele rele ne afectează de asemenea?

Da, fiindcă voi nu cunoașteți încă ce este bun. Nu cunoașteți faptul că binele și răul în realitate nu există, ci există doar *Unul care este totul.* Vedeți voi, ceea ce ați crezut în trecut că este bun astăzi este rău, iar ceea ce credeți în prezent că este rău în viitor va fi ceva bun.

Răul este o stare inconfortabilă, o situație neînțeleasă și neagreată de voi. Preocupați fiind cu îndepărtarea lui îl dezvoltați și atrageți și mai mult asupra voastră, până când sunteți copleșiți în totalitate de ceea ce încercați să evitați. *Fiindu-ți teamă de singurătate, singur vei muri. Fugind de sărăcie, în sărăcie vei trăi. Iar temându-te de epidemii le vei atrage asupra ta ca un magnet.*

Singurul care nu te va părăsi niciodată, indiferent de câte ori îl vei nega, este sufletul tău, *care este prietenul tău. Este singurul tău prieten și poarta către lumina minții tale. Sufletul tău ești tu iar tu ești parte din Dumnezeu. Trupul în care trăiești pe Pământ este darul pe care sufletul l-a primit ca să poată trăi experiențe materiale. Trupul este poarta prin care sufletul care ești a putut să pășească în această călătorie misterioasă numită viață.*

Cum crezi tu că îți vei putea ține promisiunea față de Mine astfel, alergând oțios pentru a obține ceea ce *Eu am pregătit deja pentru tine? Căutând în deznădejde vei îndepărta de la tine ceea ce te așteaptă deja. Așteaptă să poți primi, aprecia și păstra. Tu caută să te oprești să mai cauți ca să începi să găsești.*

Eu nu îmi mai doresc nimic pentru mine, găsesc tot ce îmi doresc în puținul pe care îl dețin. Am transformat puținul pe care îl dețin în tot ceea ce am visat. Astăzi primesc fără să mai depun eforturi astronomice. Cu toate acestea, banii nu sunt o prioritate pentru mine. Primesc mai mult decât cer și atrag asupra mea întreaga atenție, fără a intenționa. Mulți doresc să se apropie de mine ca să descopere secretul vindecării.

Astăzi s-au împlinit șapte ani de la moartea tatălui meu și stau, privesc cerul și cuget, gândind la ce ar fi dorit el să fiu. Mă întreb ce ar spune despre mine dacă m-ar privi acum?

Acel suflet, nu voi putea niciodată să nu Îmi amintesc acea experiență. Experiența lui și-a lăsat amprenta asupra lumii pe care a cunoscut-o şi a atins-o. Acel suflet a transformat *partea lui din Univers* aşa cum a dorit, a dus mai departe planul Meu şi şi-a ţinut promisiunea, a cunoscut Voia Mea şi Voia Mea a devenit a lui.

Eu l-am iertat pentru greşelile lui, îmi doresc ca şi el să mă fi iertat pentru greşelile mele. Eu am încetat demult să îl mai judec pentru faptele lui însă am început să mă judec pe mine pentru faptele mele. Nu a putut să îmi fie alături atunci când am avut nevoie de el, am trăit singur şi m-am protejat singur, iar astăzi suport consecinţele alegerilor mele singur.

Aş vrea să aflu cum mă poate ajuta acum, câtă vreme nu este aici, mai mult decât m-a ajutat cât a fost în viaţă? Ce mă îndeamnă să cred că încă mai luptă pentru mine, iar spre deosebire de cât mi-a putut oferi în trecut, repet, pare acum a fi un profesionist?

Eşti pregătit pentru ceea ce îţi voi spune?

Sunt.

Sufletul despre care îţi vorbesc nu mai suferă acum. El a încheiat orice legătură cu suferinţa, cu durerea sau cu dorul. Acolo unde se află în prezent nu îţi mai duce dorul şi nu mai ştie cine eşti, nu mai duce lipsă de nimic şi nu e nevoit să se roage pentru voi aşa cum vă imaginaţi că fac cei care îşi părăsesc forma.

Spuneai că a fost neputincios în a îţi oferi ajutor din punct de vedere financiar atâta vreme cât ţi-a fost alături, în trup, iar după plecare o face asemeni unui profesionist?

Am adunat chiar şi dovezi în acest sens.

Ceea ce găseşte forţa de a lua formă materială, intervenind în vieţile voastre, nu este altceva decât umbra iubirii lui purtată vouă de-a lungul vieţii anterioare. El v-a iubit atât de mult încât poate modela Universul chiar şi după moarte. Gândurile iubitoare pentru voi au fost impregnate în tot ceea ce vă înconjoară. Vibraţiile conştienţei lui au fost atât de puternice încât se materializează şi astăzi, creând fel şi fel de oportunităţi pentru voi. Dorinţa lui de a vă iubi şi a vă proteja a rămas vie, iar Universul vă trimite gândurile lui, transformate în realitate, percepute de voi sub formă de inspiraţie, dragoste, înţelepciune, speranţă ori ajutor financiar. El, fără a conştientiza, a creat un univers protector, invizibil, înăuntrul căruia vă derulaţi existenţa.

Universul acesta protector despre care îţi vorbesc a fost conceput în aşa fel încât să poată fi influenţat, modificat şi condus de tine. Relaţia dintre tine şi acea experienţă, căreia i s-a dat să îţi fie tată pământesc vreme de nouăsprezece ani de zile, reprezintă forţa *prin care Universul creează* oportunităţi pentru tine şi familia

ta actuală. Este energia care s-a creat din dragoste, s-a individua-
lizat, construind mediul perfect prin care şi alte energii să îşi ducă
procesul de autocreare la bun sfârşit. *Asemenea conştienţe înalte
dau naştere altor suflete precum sunteţi voi. Iubirea nu este doar
viaţă, este şi creatoare de viaţă. Voi cum credeţi că aţi apărut pe
planetă?* Cel care ţi s-a descoperit acum este harul creaţiei.

**Spui că el a creat viaţă, la fel cum ai creat Tu? Acesta este
procesul prin care o nouă experienţă se naşte în Univers?**

O experienţă dă naştere altei experienţe. Aceasta apare întâi
sub formă de sentiment şi devine apoi o *conştienţă care alege să
se rupă, să devină o fiinţă interindividuală, un suflet care îşi aş-
teaptă rândul să primească trup, scopul fiind procesul autocreării
prin dezvoltarea sinelui.*

**Dragostea tatălui meu, purtată pentru noi în viaţa trăită
pe Pământ, a creat o persoană?**

Viaţa este fructul iubirii. *Dragostea este esenţa vieţii, Punctul
zero al energiei de la care a plecat materia, materie care se multi-
plică.* În schimb, frica disipă materia şi o transformă în energie.

**Înseamnă că tot ce iubim se va materializa şi va deveni o
realitate palpabilă?**

Absolut totul.

**Dacă am o pasiune şi o urmez, rodul eforturilor mele mă
va îmbogăţi mai devreme sau mai târziu pe toate planurile?**

Nu veţi putea fi conştienţi de puterile voastre vreodată, puteri
pe care le veţi descoperi la nesfârşit. Însă unii dintre voi vă daţi
seama că le deţineţi şi începeţi să le folosiţi, alţii le veţi observa
abia după moarte. Veţi observa câte aţi fi putut să faceţi, dar ceva
a stat întotdeauna în calea voastră. *Ceea ce vă opreşte de fiecare
dată sunteţi chiar voi. Cei din urmă vor deveni cei dintâi*, tot ce
v-a mai rămas de făcut este să vă daţi seama de aceasta.

Multe dintre trăirile vieţii tale actuale reprezintă materializări
ale sentimentelor, gândurilor şi dorinţelor tale, create într-o viaţă
anterioară. Dorinţe care atunci păreau imposibil de împlinit, care
depăşeau orice regulă ori închipuire, mulţumită puterii creatoare
sunt acum trăite ca experienţă pe pielea ta. Cea mai mare putere
creatoare de viaţă este iertarea. Ce-ar fi dacă începând de astăzi
aţi ierta ceea ce nu poate fi iertat? Cum ar arăta lumea gândind şi
reacţionând astfel? Iertând ceea ce nu poate fi iertat *aţi deveni
atotputernici şi aţi deveni ca Dumnezeu.* Atunci nu aţi mai avea
nevoie de intervenţia Mea, căci împreună am fi Unul.

**Unde se află această persoană, rodul iubirii tatălui meu şi
unde se va naşte?**

Acolo unde va fi cea mai mare nevoie de ea, iar lumea va fi cuprinsă de beznă şi neştiinţă. Acolo unde va putea lumina, unde opusul dragostei se va extinde. *Ea va prospera mai mult decât îţi poţi închipui şi va salva multe suflete, asemeni celor care salvează astăzi fiecare om din fiecare generaţie.* Adevăr îţi spun, persoana despre care îţi vorbesc străluceşte deja.

Priviţi-i pe cei tăcuţi, care nu se autointitulează ştiutori, însă *ei sunt maeştri. Priviţi amărâţii care nu caută să se îmbogăţească şi bolnavii cărora nu le trebuiesc averi, nici renume.* Priviţi-i pe cei care propovăduiesc cuvântul Meu cu toată fiinţa lor, oameni de care râdeţi, pe care îi numiţi iudei, creştini sau pocăiţi, şi care sunt pur şi simplu subiectul vostru de batjocură. Mulţi se află în închisori, iar alţii sunt simpli anonimi. *Totuşi, datorită unora ca ei sunteţi cruţaţi şi ocrotiţi cu toţii. Ei sunt mieii care s-au jertfit ca voi să nu pieriţi, ci să dobândiţi dreptul la viaţă.*

Adevărat vă spun Eu vouă, dacă un singur om de pe întreaga suprafaţă a Pământului va fi plăcut Mie, voi cruţa întreaga umanitate de la autodistrugere. Mulţumită Unuia pe care Îl marginalizaţi şi nu găsiţi niciun interes la El, trăiţi astăzi cu toţii. Şi nu veţi muri, Eu sunt Domnul. El se va dovedi a fi Mielul şi Salvatorul rasei umane. A fost, este şi va fi, şi în veci va trăi.

Am citit în ultima vreme tot felul de reportaje aduse contra lui Isus. S-au creat conspiraţii şi multe personaje fictive, încercându-se, prin promovarea lor, o abatere de la adevăratele înţelegeri, încât generaţiile care vor veni vor fi incapabile să identifice adevărul de neadevăr. Unii învăţători au scris că Isus nu a murit, ci a continuat să trăiască în India. Care este scopul ascuns al acestor interpretări?

Cel de a se crea cât mai multă iluzie.

Din nou, care e scopul?

Iluzia îţi oferă oportunitatea de a te crea ca adevăr.

Citeam un articol în care erau expuse două fotografii reprezentative, una a omului care a trăit sub Numele Isus acum două mii de ani, iar cealaltă a personajului fictiv cunoscut ca Moş Crăciun. De sub fotografia reprezentativă a personajului mi-a atras atenţia un slogan diabolic de ingenios. El spunea: „Chiar dacă nu crezi în mine, eu nu te trimit în iad".

Această interpretare mai sus menţionată ar putea fi mai mult decât adevărată dacă ar fi existat acel personaj ori dacă ar fi existat măcar iadul. Neputinţa realizatorilor de astfel de mesaje reprezintă negarea propriilor învăţături nesănătoase, prin care şi-au dezvoltat percepţii total eronate. Căci este de natura minţii să vă întoarcă împotriva programului mental. Dacă semenii sau predecesorii lor i-au ameninţat încă din primii ani de viaţă, spunând că cei ce nu vor asculta de Dumnezeu vor fi trimişi în iad, nu e de mirare că au creat din oameni monştri. Forme cu chip de om, care îşi neagă provenienţa ori ceea ce sunt. Scopul lor e cel de a nu avea niciun scop, a se sustrage de la orice formă de adevăr despre ei şi nu fac altceva decât să îşi lungească rătăcirea.

Câtă vreme reprezentaţiile bisericeşti a ceea ce se crede că e sus, dar şi reprezentaţiile personajelor fictive, ale eroilor, zeilor şi vedetelor, *sunt doar interpretări absurde omeneşti, ele nu pot fi măsurate* şi comparate cu adevărul, *nu deţin elemente comune cu adevărul* şi din acest motiv nu pot deveni un subiect de discuţie al acestei cărţi. Am ales această carte să servească drept lecţie de filosofie, un *dezamorţitor al inerţiei răspândite în întreaga lume.* Mesajul nostru nu va deveni o sursă de câştig, o rampă de lansare a cuiva în fruntea societăţii sau o sursă de acumulare de adepţi.

Mai devreme te întrebai dacă vei găsi pe cineva cu care să îţi împărtăşeşti ideile, să îţi accepte mesajul, să îl înţeleagă ori să îl consume. Soluţia nu este ca cineva să creadă că aceste scrieri re-prezintă mesaje de la Dumnezeu transmise către ei prin tine. Ce vrei să îţi înfiinţezi folosindu-te de cuvântul Meu, o sectă?

Nu am gândit niciodată aşa.

Nici să nu o faci. Scopul acestui „mesaj de la Dumnezeu" aşa cum l-ai numit tu plin de ironie, este să fie citit, nimic mai mult, nimic mai puţin. Mesajul Meu conţine idei creatoare, prospere şi înţelepte, care trebuie aşezate în mintea fiecăruia. Acestea, aşezate în spatele subconştientului vostru, vor ieşi la suprafaţă de-a lungul experienţelor, treptat, nu toate în acelaşi timp. *Ele vă vor vindeca şi călăuzi până la sfârşitul vieţii, ca să vă dezvoltaţi supraconşti-entul, care este spiritul. Spiritul este ceea ce rămâne.*

Adevărul nostru, această colecţie de cuvinte vii, are rolul de a reglementa şi a reconstrui spiritul moral al omului, natura lui primordială, pacea şi bucuria de a trăi, transformate în haos şi o amărăciune progresivă.

Voi spuneţi că viaţa e un car de greutăţi, că lumea este rea şi mulţi sunteţi obligaţi să trăiţi evenimente nedorite pe nedrept. Dar Eu vă spun că nu aveţi timp pentru a sta supăraţi, anii zboară prea uşor pentru a fi deprimaţi sau a vă provoca unul altuia suferinţă. Voi nu aveţi timp de pierdut nici în aceasta viaţă, nici în alte vieţi, ceea ce alegeţi astăzi veţi fi în veci. *Fiindcă cel care se va curăţa va străluci, cel care crede va fi crezut, cel care dăruieşte va primi în dar, cel care iubeşte va fi înconjurat de cei care iubesc, iar cel care va ierta nu va mai fi nevoit să îşi dobândească iertarea.* Ele reprezintă căile Mele, care vor deveni căile voastre proprii.

Crezi despre societate că este o iluzie şi eşti minţit din clipa în care te naşti? Nu este nimic imperfect în treaba aceasta, trăieşte iluziile care ţi se promovează dar creează-ţi realitatea personală. Acesta este secretul, el este harul. Fără minciună adevărul nu are formă, tot aşa cum fără întuneric nu străluceşte nicio stea.

Universul accelerează într-o compatibilitate perfectă, unde nu există imperfecţiune. Termenul acesta a fost inventat de voi pentru a putea defini *perfecţiunea pe care nu aţi reuşit să o digeraţi. Tot ce se întâmplă în Univers este Voia Mea şi toate îşi urmează scopul, fără nici cea mai mică abatere.* Faptul că majoritatea vă distrugeţi vieţile, iar după moarte realizaţi că nu a fost nimic distrus şi că aţi trăit ceva perfect, dar faptul că perfecţiunea vieţii a fost prea sublimă pentru voi încât nu aţi putut să o percepeţi, este cu desăvârşire Voia Mea. Acest ciclu se va repeta până veţi ajunge să conştientizaţi *cel mai înalt grad de perfecţiune existent, eliminând imperfecţiunea din percepţia minţilor voastre.* Nu încerca să crezi că eşti perfect, încearcă să cunoşti că eşti perfect, *Dumnezeu este perfect.*

Cei care îţi vor contrazice afirmaţiile aparent visătoare gândesc astfel: Dumnezeu a creat creaţia iar creaţia liberă s-a abătut de la cursul ei şi de la Voinţa Creatorului. Cu alte cuvinte ei cred că am creat ceva ce nu am putut controla, ceva care a deviat de la curs şi scop modificându-şi destinaţia. Aceasta proclamă totodată imperfecţiune în privinţa Creatorului. Aceste dogme transformă dumnezeul lor într-o victimă.

Eu vă spun că nu există imperfecţiune. Imperfecţiune a naturii numiţi un eveniment nedorit, o catastrofă naturală, în care sunt ucişi o mie de oameni. Totuşi, acela este cel mai perfect lucru, ea este salvarea voastră care vine *de la Mine, vă eliberează de suferinţă,* vă transportă în absolut şi este ceea ce vă doriţi, cereţi şi atrageţi în realitatea voastră. Cum puteţi să vă blestemaţi soarta, când pur şi simplu aţi fost salvaţi? Oare nu voi în întreaga existenţă imploraţi salvare şi eliberare?

Şi iată că salvarea a venit, dar atunci când nu o înţelegeţi vă numiţi salvarea imperfecţiune, fugind şi ascunzându-vă de ea, alegând să vă mai prelungiţi suferinţa pe Pământ, măcar un an, doi, ori cât o mai vrea Dumnezeu. Voi creaţi conceptul imperfecţiunii, el nu există, există doar o Sursă de perfecţiune absolută.

Voi aţi numit imperfecţiune căderea lui Adam, neascultarea omului de Dumnezeu. Ceea ce aţi numit căderea în păcat *a fost cel mai perfect lucru care vi s-a întâmplat vreodată în întreaga istorie a vieții pe Pământ și este cea mai mare binecuvântare pe care ați primit-o.* Acesta a fost scopul încă de la început, procesul se numește *individualizarea conștiențelor, ruperea de Sursă.*

Voi nu vă puteați numi vreodată ființe create după Chipul și Asemănarea Mea *fiind programați sau condamnați la o perfecțiune pe care fără individualizare nu ați fi cunoscut-o niciodată. Astfel ați devenit liberi, adică independenți și neîndatorați.*

Separarea, care a devenit posibilă prin păcatul lui Adam, nu înseamnă separarea voastră de Mine. Eu nu am plecat niciodată de lângă voi, *ci am fost aici tot timpul.* Separarea înseamnă că ați fost nevoiți să vă separați pe voi de voi înșivă, scopul fiind acela de a vă cunoaște în mod amănunțit. *Astfel ați ales să vă separați sufletul de minte și mintea de trup. Sufletul vostru sunt Eu, iar voi sunteți trupul Meu. Eu sunt Sursa tuturor lucrurilor, iar tot ceea ce există și a fost creat este perfect.*

Voi ați inventat un personaj imaginar care să reprezinte gândurile pe care mințile voastre le identifică ca fiind opuse Mie. Ca explicație a imperfecțiunii imaginată de voi ați inventat diavolul. Ar fi trebuit ca el să fie responsabil de toată durerea, *însă diavolul nu există și niciodată nu a existat. Diavolul este scuza* care a fost inventată de cei care nu au înțeles perfecțiunea. El este justificarea comportamentului pe care nu sunteți îndeajuns de maturi încât să vi-l asumați.

Ce te-a oprit astăzi ca să arunci acea foaie de hârtie pe stradă? Ți-a zis Dumnezeu să nu o arunci? Ți-a șoptit diavolul să o arunci dar tu l-ai contrazis, refuzând să o faci de frica Mea? Tu crezi că dacă o aruncai *te trimitea cineva în iad?* Am scris undeva că este interzis să aruncați ceva pe jos? Adevăr vă spun, voi alegeți ceea ce e bine să faceți sau ce nu e bine să faceți, voi creați Slava Mea iar Strălucirea e nemărginită. Puterea Mea se manifestă prin voi.

Iar pentru încheiere, ca afirmație posibil contradictorie cu cea a studiilor sau a înțelegerilor tale în ceea ce privește Voia Mea, îți spun că *nu va fi niciodată sfârșitul lumii.*

Uau, am citit bine?

Ai citit foarte bine.

Biblia scrie că la un moment dat lumea va avea un sfârșit, toți oamenii o știu. Creștinii se tem de vremurile din urmă.

Aceasta deoarece tot Pământul a trăit în frică până acum. Ați cunoscut frica pentru a putea descoperi dragostea. Tot ce ați trăit și tot ce s-a scris până astăzi a fost Voia Mea, chiar și Biblia, iar ea a fost și este cel mai perfect lucru pentru voi. Este însă timpul pentru a vă schimba sistemul de gândire. Iar pentru ca aceasta să devină o realitate palpabilă, Alberto, este nevoie de minți deschise, neînlănțuite și nesupuse. *Aceasta se numește evoluție.* *Ceea ce înțelegeți voi prin evoluție nu este același lucru cu ce vă spun Eu că este ea.* Voi percepeți evoluția doar prin materia vizibilă ori dezvoltarea condițiilor de viață, confortul. Observați evoluția tehnologiei, creșterea productivității, dar și adaptabilitatea omului *la schimbările mediului.* Nu este nimic rău în acest lucru, așa cum v-am spus, nu există rău ori imperfect. Puteți să vă construiți rachete spațiale *ultraperformante și puteți colinda întreg Universul* cu ele. Puteți construi roboți umanoizi și tot ce vă inspiră mintea să creați. Orice ați face pe Pământ cu adevărat nu contează. Sunteți ființe divine, creatoare. Dar ceea ce urmăresc Eu la voi este evoluția ființei întregite, unirea elementelor „mașinăriei" voastre. Evoluția omului pe plan spiritual, în relațiile familiale și sociale, evoluția conștienței de grup sau planetară.

Conștiența planetară este foarte puternică, *ea poate schimba Universul și tot ce nu acceptați. Ea poate reduce la nivel minim ce alegeți acum că nu este corect. Conștiența planetară este constructivă, ea poate modela ceea ce sunteți în ceea ce vreți să fiți.*

Acum câteva sute de ani priveați femeia ca pe o necesitate, *o nevoie a bărbatului* sau un lucru folositor casei. Le impuneați, le înlănțuiați și astfel, le limitați universul pentru a îl putea extinde pe al vostru. Dar astăzi priviți femeia ca pe o binecuvântare și vă alinați alături de ea, formând, din două trupuri, o singură ființă. Ei bine, *aceasta se numește evoluție.*

Acum câteva sute de ani *o persoană epileptică*, cu disfuncții psihomatice, care se elibera de energiile acumulate printr-o criză terifiantă, vă înspăimânta și determina să o etichetați a fi posedată de un demon ori o legiune de draci. Aceasta era supusă zecilor de ritualuri de exorcizare *ineficiente și nefolositoare. Astăzi studiați fiecare parte a creierului* care poate suferi disfuncții și afecțiuni fizice neuronale. *Aceasta se numește evoluție.*

Acum câțiva zeci de ani erați obligați să vă închinați și să vă spovediți preotului care se afla într-o relație spirituală constantă cu Dumnezeu, cel puțin așa pretindea, în vederea iertării păcatelor. Astăzi Eu vorbesc prin voi și sunt în fiecare dintre voi. *Noi toți suntem Unul și Acela este Dumnezeu.*

Acum câțiva zeci de ani vă chinuiați din răsputeri ca să găsiți leacul tuturor bolilor. Astăzi sunt mulți oameni printre voi care vindecă de cancer printr-un simplu cuvânt. Isus a făcut-o în urmă cu două mii de ani zicând că pe toate le veți putea face și voi.

Ieri definiţia infinitului era ceva fără început şi fără sfârşit. Astăzi vă spun că infinitul, care nu are un început, deţine totuşi un capăt, iar acest capăt poate fi întins la nesfârşit prin dezvolarea *conştienţei, prin relaţia voastră cu Mine şi cel mai important prin reamintire. Aceasta se numeşte evoluţie.*

Acum o vreme îţi iroseai timpul căutând scopul tău în viaţă, astăzi nu mai găseşti îndeajuns timp pentru a îţi împlini scopul la cel mai înalt nivel. *Aceasta se numeşte evoluţie.*

Părinţii tatălui tău ştiau, tatăl tău a ştiut mai mult decât ei iar tu ştii mai mult decât au ştiut părinţii tăi. *Aceasta se numeşte evoluţie. Sacrificiul făcut de un singur om pentru a salva un miliard de oameni se numeşte evoluţie.*

Ceea ce ai căutat şi descoperit, iar mai târziu ai gândit şi creat, este noul sistem de gândire şi înţelegere care se dezvoltă astăzi la scară globală, noul concept al viziunii omului în relaţie cu tot ceea ce este. *Aceasta se numeşte evoluţie şi este noul pas pe care umanitatea îl va face în continuare.* Mesajul tău este nucleul evolutiv al schimbării mentalităţii maselor şi al evoluţiei umane.

Susţii faptul că o carte va schimba lumea?

Nu cartea va schimba lumea, ci tu, tu şi mulţi alţii asemeni ţie. Astăzi mulţi scriu mesajul Meu în mai multe limbi şi mai multe ţări din lume în acelaşi timp. *Voi nu vă cunoaşteţi între voi, veniţi din părţi diferite, aveţi înţelegeri şi culturi diferite,* dar fără a conştientiza scrieţi acelaşi mesaj în forme diferite, folosind explicaţii diferite, aceasta pentru ca oricine să reuşească să priceapă. Şi nu veţi schimba lumea, lumea este perfectă aşa cum am creat-o Eu şi este un mod accelerat către desăvârşire. Voi nu vă aflaţi acolo pentru a schimba lumea, ci pentru a îmbunătăţi viziunea oamenilor asupra lumii. *Generaţiile care vor veni vor avea nevoie de îmbunătăţirea viziunii asupra lumii acesteia. Procesul a început deja şi se bucură de succes de câţiva ani încoace.*

Generaţiile viitoare vor fi nevoite să accepte că viziunea lor asupra perfecţiunii le-a fost instigată din afară, ea nu este a lor personală, e limitată, incompletă şi nu priveşte pe niciuna dintre ele. Nu este ceea ce au trăit ele, este ce le-au spus alţii. *Atenţie, părinţi, copiii voştri vă vor crede pe cuvânt!*

Viziunea în ceea ce priveşte perfecţiunea asupra modului actual de viaţă, creată de minţile voastre, nu a fost creată de minţile voastre, ea v-a fost instigată şi vărâtă în subconştient. Viziunea voastră este a altora, nu a voastră proprie şi astfel trăiţi visurile altora. Este perfecţiunea materială, artificială, binară, care limitează şi provoacă sete şi confuzie, nu este fericirea. Ţelul fiecărui om de pe Pământ este să o descopere singur, să creeze partea lui de perfecțiune în universul propriu.

Astăzi tinerii folosesc mesaje puternice, care instigă masele la „a își trăi viața din plin". Mesajul lor vă atenționează că trăiți o singură viață. *Eu vă spun că mulți ați trăit sute de vieți fiecare* și tot nu ați reușit să faceți ce v-ați propus. Alții, influențați fiind de teama de a nu rămâne anonimi, *au ales să își trăiască viețile* într-un mod prin care chiar le-au pus capăt. Dar acest subiect va fi dezvoltat în alt context, pe viitor.

Tu încetează să mai trăiești în teamă, trăiește în dragoste și nu te mânia, iartă. Fă doar ce îți place și iubește tot ceea ce faci. Dacă ceea ce faci te inspiră, te reprezintă și te ajută să devii ceea ce vrei să devii, nu ezita, fă-o. *Gândește așa cum vrei să gândești, iubește ceea ce alegi tu să iubești, mănâncă ce vrei să mănânci, călătorește unde vrei să călătorești, practică orice sport dorești, alege-ți lângă tine prietenii pe care ți-i dorești alături de tine și iubește ceea ce faci.* Totuși, cel mai important este să fii ceea ce vrei tu să devii. Încetează să îți mai imaginezi cum ai vrea să fii, alege acum să fii cel care ți-ai imaginat să devii. Spune doar un cuvânt și îți vei transforma neputința în oportunități.

Vrei să fii singur? *Izolează-te ca să trăiești singur, îți promit că nu vei muri.*

Vrei să fii popular? *Informează-te în legătură cu ceea ce este în trend și promovează-te, iar astfel vei deveni popular.*

Regreți anii tinereții tale și ești posomorât? *Retrăiește-ți tine-rețea la bătrânețe, dacă poți.*

Vrei să ai cât mai mulți bani? *Strânge toți banii pe care poți tu să îi strângi, fă-ți un scop din a îi aduna și așteaptă-ți fericirea. Ce crezi, va veni?*

Ai obosit să muncești și ai nevoie de o pauză? *I-ați o pauză.*

Vrei să te îndrăgostești de o mie de ori? *Îndrăgostește-te de o mie de ori.* Fă schimbări în viața ta și ia multe decizii, indiferent de natura și domeniul lor.

Plângi atunci când trebuie să plângi, râzi când îți vine să râzi. Nu te mai lăsa influențat. *Informează-te, citește și recitește, uită, meditează, mulțumește, roagă-te, cere, desparte-te și împacă-te, plimbă-te, aleargă, înoată, zboară, cugetă, taci, strigă, cântă și petrece, dansează, creează, desenează, inventează, scrie, desco-peră, iartă, iubește, trăiește, greșește și experimentează, acestea te formează.*

Vrei să Îl descoperi pe Dumnezeu? *Caută-Mă și Mă vei găsi, întreabă-Mă și îți voi răspunde, vei primi răspuns la toate între-*

bările tale în cel mai scurt timp. Eu sunt aici, tu nu eşti aici, unde eşti? Cât timp mai ai de gând să te ascunzi de tine? **Aici sunt. Pe toate acestea le-am făcut deja, cel puţin aşa cred, care este totuşi secretul vieţii de succes?** Ascultarea sufletului şi dezvoltarea înţelepciunii. Cunoştinţă, antrenament, răbdare şi rezultat. *Cere şi ţi se va da, bate şi ţi se va deschide. Învaţă mai întâi să fii smerit, ca mai târziu să fii înălţat de alţii.* **Spuneai că nu va fi niciodată sfârşitul lumii. Vorbeşte-mi despre acest subiect căci mă interesează.**

Lumea aşa cum aţi cunoscut-o nu se va sfârşi niciodată, nici nu a fost creată cu scopul de a fi nimicită. Toată viaţa ţi s-a spus că tot ce are un început are şi un sfârşit, nimic nu durează o veşnicie. Eşti convins de acest lucru deoarece l-ai experimentat. Eu îţi spun că orice sfârşit are un nou început. *Nimic nu se termină, nici nu moare, ci renaşte, îşi schimbă forma şi merge mai departe la fel omizile care devin fluturi.*

Atunci când veţi ajunge la destinaţie, devenind ceea ce aţi fost creaţi să deveniţi, atunci când nu va mai fi nevoie de intervenţia şi supravegherea Mea în evoluţia voastră, Universul se va contracta şi se va strânge la un loc. Va imploda într-o clipire, ca să devină din nou un Punct de început, o minge de foc, aşa cum aţi numit-o. Apoi va exploda iarăşi şi iarăşi, creând un alt Univers material şi fiinţe vii, energie pură din apă şi pământ. Atunci va veni rândul altora *să călătorească, apoi să devină din nimic un tot, aşa cum aţi făcut-o voi.* Această mişcare nu se va sfârşi niciodată, ea va fi reluată iarăşi şi iarăşi, totdeauna pentru totdeauna. Atât de mare este dragostea lui Dumnezeu pentru voi şi atât de arzătoare este dorinţa Mea ca voi să existaţi, încât nu Mi-o pot înfrâna, nici nu Mă voi putea opri vreodată din a vă crea. Aceasta este dragostea şi puterea lui Dumnezeu care vi s-a descoperit.

Scopul pentru care v-am creat este acelaşi. Destinaţia voastră este să ajungeţi Dumnezeu şi să creaţi la rândul vostru tot ce am creat Eu, fiecare dintre voi. Şi o veţi face. Unii dintre cei care au trăit înaintea voastră o fac deja. *Şi astfel, împreună, vom construi infinitul şi vom dărui totul tuturor în vecii vecilor.*

Aş dori să cunosc ceasul lui Dumnezeu, dacă pot să spun aşa. Conform supravegherii Tale în ceea ce priveşte mişcarea procesului evolutiv al creaţiei, aş vrea să ştiu unde ne aflăm? *Vă apropiaţi cu rapiditate de începutul zilei a şaptea.* **Ai putea să îmi explici ce înseamnă acest lucru?**

Cu siguranţă. Însă pentru a putea afla poziţia voastră din prezent este necesar să ne întoarcem mai întâi la scrierile biblice şi nu doar la ele. Îţi aminteşti că Dumnezeu a creat totul în şase zile iar a şaptea zi S-a odihnit?

Aşa am citit.

Dar îţi aminteşti şi că o zi pentru Dumnezeu echivalează cu o mie de ani, iar o mie de ani pentru Mine este o singură zi?

Sigur.

Aşadar, Facerea nu se referă la crearea materiei. Lumina, apa şi pământul, aşa cum au fost descrise în Cartea genezei, nu fac referire la ceea ce atingeţi ori puteţi bea. Apariţia binecunoscutei fiinţe umane în forma ei din prezent se desfăşura în urmă cu şase mii de ani, luând în considerare numărătorile voastre. *Totuşi, voi nu v-aţi născut atunci, ci sunteţi dintotdeauna şi aţi existat întotdeauna, sub forme diferite, fiecare înzestrată cu grade diferite de perspectivă, receptivitate şi manifestare.*

Biblia vorbeşte omului ca fiinţă spirituală, înzestrată cu sine, care este Dumnezeu. Pe parcursul călătoriei descoperirii sinelui vostru vă aflaţi aproape de sfârşitul zilei a şasea şi vă pregătiţi să păşiţi în a şaptea zi, cea dedicată Mie, a omului înălţat. Aceasta despre care îţi vorbesc va fi o zi de odihnă, în care vă veţi bucura de belşug, una în care vă veţi primi răsplata care va veni la voi cu bucurie, dragoste şi adevăr.

Atunci cei aleşi Te vor putea cunoaşte personal?

Cu siguranţă, ca şi acum de altfel.

Când spun personal mă refer faţă în faţă.

Mă veţi putea cunoaşte într-un alt mod, într-unul nou, diferit. Scopul vostru este să vă descoperiţi pe voi.

Din moment ce am evoluat, ne-am creat sinele şi am atins cel mai înalt nivel de compatibilitate, sub supravegherea Ta, ce mai este nevoie să descoperim?

Putem să spunem că vă aflaţi aproape de finalul acestei etape de creare de sine, prin cunoaştere şi suferinţă, în care izbăvirea voastră e aproape. Repet, vă aflaţi la finalul acestei etape. În Împărăţia care are să vină fiecare fiinţă va străluci plină de armonie şi curăţie, va iubi, va fi copleşită de iubire, linişte şi bucurie, *însă etapa nu va reprezenta sfârşitul călătoriei sau atingerea vreunui capăt.* Aşa cum ţi-am mai spus, *nu există capăt.*

Înţeleg, noi venim din Uniune sau Împărăţia cerului aici, unde trăim în chin şi suferinţă, ca să ne formăm, prin alegeri corecte sau greşite, care nasc experienţe; luăm la cunoştinţă

absenţa Ta, apoi ne primeşti înapoi, fiind mult mai evoluaţi, după care ne trimiţi pe Pământ iarăşi şi iarăşi?

Eu nu vă trimit nicăieri, voi alegeţi să plecaţi. Totul constă în alegerile voastre. Şi nu sunteţi trimişi ca să suferiţi, plecaţi ca să vă bucuraţi. Doar că ajunşi în lume uitaţi cine sunteţi, aceasta vă determină să fiţi inconştienţi de capacităţile voastre. Încearcă să fii atent la ce îţi voi spune ca să trecem la subiectul următor.

Voi veniţi din Împărăţia Mea sau Uniune, ori cum vrei tu să o numeşti. *„Mintea" Mea a fost denumită Împărăţia lui Dumnezeu sau Raiul.* Aceasta înseamnă că voi sunteţi gândurile Mele şi nu v-aţi născut niciodată, *ci eraţi dintotdeauna.* Lumea relativităţii, cea înăuntrul căreia trăiţi, este trupul Meu, adică materia. Acolo vă creaţi pe voi înşivă în duh şi deveniţi independenţi aşa cum Tatăl vostru este. *Raiul, locul despre care sunteţi nerăbdători cu toţii să aflaţi, este acea fereastră a păcii şi odihnei care va fi deschisă de minţile şi sufletele voastre unite. Voi sunteţi un singur suflet, nu mai multe suflete, iar Raiul defineşte finalul procesului alchimizării voastre, devenind din amar dulce.*

În câte milioane de ani voi deveni asemeni Ţie şi voi putea să fac tot ce poţi Tu să faci?

În curând fiul Meu. Vrei să îţi spun totuşi un secret? Încă nici nu ai început. La începutul acestui dialog ai susţinut că nu eşti lumină, ba mai mult, credeai că nici Eu nu sunt lumină. Adevărat îţi spun, tu ai dobândit lumina şi ai devenit lumina Mea, sarcina ta este să o păstrezi până va deveni lumina ta proprie. *O veţi face fiecare dintre voi. Isus a făcut-o într-o viaţă, alţii o faceţi într-o mie de vieţi.* Este alegerea voastră şi aşa cum am mai spus, nu vă voi impune să faceţi Voia Mea, ci să o descoperiţi iar mai târziu să o alegeţi şi să luptaţi pentru ea.

Cum S-a putut arăta Hristos în trup ucenicilor, în ciuda faptului că a ieşit din trupul care fusese distrus în întregime? Cum a reuşit să apară în mijlocul lor câtă vreme Îşi pierduse forma fizică?

Ţi-aş spune, dar tot nu ai putea să înţelegi. Ceea ce vreau de la voi este să credeţi, iar prin credinţă veţi cunoaşte, apoi veţi şti.

Aş dori totuşi să aflu, sunt convins că m-ar ajuta.

Să înţeleg că ţi-ai pregătit deja termenii „ştiinţifici" pentru a dezvolta acest subiect?

Pot să spun că sunt pregătit.

În regulă, dar ce aţi numit termeni ştiinţifici nu te vor ajuta. Voi începe mai întâi prin a îţi completa interpretarea unei viziuni pe care ai avut-o cu ajutorul studiilor din ultima vreme. În urmă

cu două săptămâni încercai să înţelegi misterul celor trei dimensi-
uni pe care le cunoaşteţi. Celelalte opt, alăturate celor cunoscute
de voi, formează lumea voastră. Biblia confirmă desigur existenţa
celor unsprezece dimensiuni.

Nu am citit despre ele.

Nu îţi face griji, sunt convins că vei avea timp pentru studiu.
Cele unsprezece dimensiuni sunt tărâmuri de formă materială cu
densităţi diferite şi sunt straturi ale unui singur organism numit
creaţie. A douăsprezecea dimensiune nu deţine o identitate, însă
le păstrează pe toate celelalte în interiorul ei înseşi. Acesta este
Dumnezeu cunoscut ca Elohim.

**Nu aş vrea să întrerup din nou discuţia, dar am observat
pe parcurs că tot foloseşti numele Tău la persoana a treia, este
ca şi cum ai vorbi Tu despre Tine.**

Este adevărat, dar la fel de adevărat este şi faptul că la finalul
cărţii te vei convinge că acest mesaj nu este Dumnezeu, mesajul
vorbeşte despre Dumnezeu, cu Dumnezeu.

Să revenim.

Spuneam că cele unsprezece dimensiuni sunt realităţi egale,
exprimate prin forme diferite. Ele se pot desfăşura suprapuse, în
acelaşi loc, sau în spaţii diferite. Unii cunoaşteţi deja aceste legi,
deşi majoritatea negaţi existenţa lor. Expresiile des întâlnite care
asociază entuziasmul şi satisfacţia cu a fi în al nouălea cer, sunt
din ce în ce mai folosite. Cei mai sensibili dintre voi au declarat
şi nu doar o dată că au sesizat o apariţie fulgerătoare sub formă
de amintire, pe care aţi numit-o déjà vu. Astfel, din cea de-a şasea
dimensiune, cea a sufletelor care îşi părăsesc trupul, Hristos S-a
arătat ucenicilor şi apoi S-a ridicat la cer.

O explicaţie uşor de digerat ar fi că nu El S-a arătat ucenicilor,
ucenicilor li s-a dat să Îl vadă pe Învăţătorul lor, pe Fiul omului.
Ei au călătorit fără de ştire în cea de-a şasea dimensiune, unde
L-au privit pe Isus într-o formă mai puţin densă, sublimă, care nu
diferă cu mult de cea densă materială sau carnală.

A fost ca şi cum au fost hipnotizaţi şi răpiţi în stare?

Nu aş spune hipnotizaţi, ci mai degrabă inconştienţi, aşa cum
este marea majoritate a oamenilor din zilele actuale.

Înţeleg.

*Un alt exemplu al dimensiunilor suprapuse ar fi cel în care tot
ceea ce se derulează logic şi raţional în realitatea ta, se rulează şi
în sens invers într-o altă dimensiune.* Iar în acea dimensiune un
măr s-ar putea mânca începând din interior către exterior. Acolo
tu ai putea fi mai întâi mare, ca apoi să întinereşti *până ce te vei*

naşte. În felul acesta discipolii ar fi putut să Îl vadă pe Hristos în slavă înainte ca El să fi fost crucificat, totul intrând în percepţia lor ca o amintire déjà vu.

Sunt foarte bune exemplele Tale, însă foarte dificil de priceput, totuşi sunt nevoit să trec la următoarea întrebare. Cum ar fi viaţa dacă aşa cum spun unii nu ai exista?

Înainte de a îţi oferi răspunsul doresc să subliniez unul dintre cele mai importante aspecte ale stării de a fi. Aspectul neschimbător al lui Dumnezeu, cel de care ar fi bine să ţineţi seama, este că Eu sunt, Eu nu pot exista. Dacă aş exista, aceasta ar însemna că, asemeni vouă şi Eu îmi schimb forma regulat. Eu sunt forma şi neforma Celui nemanifestat, în jurul căruia se mişcă creaţia manifestată, care sunteţi.

Ca prim răspuns la întrebarea ta îţi aduc la cunoştinţă faptul că întrebarea este lipsită de sens, nu are un răspuns ori urmăreşte alt scop pe lângă obţinerea răspunsului. Dar după cum am spus nu există ceva la care voi v-aţi gândit, la care Eu nu M-am gândit. Aşadar, dacă nu aş fi existat nu ar mai fi existat nici întrebarea ta şi nici răspunsul ei sau cineva care să o adreseze altcuiva.

Încearcă totuşi să îmi pictezi un tablou vizual al imaginii vieţii din prezent dacă ar dispărea Dumnezeu.

Atunci ar dispărea şi Universul şi nimic nu îşi va mai da seama că nu mai există nimic.

De ce foloseşti expresii atât de dificil de înţeles?

Nu Eu le folosesc, tu o faci.

Spuneai că Tu ai scris cartea, nu eu.

Sau amândoi.

Amândoi, îmi place cum sună.

Spune-Mi, cum ţi-ai imaginat tu că ar trebui să îţi vorbească Dumnezeu şi cum ai dori să vorbească Dumnezeu cu oamenii?

Am crezut că Te poţi coborî şi la nivelul inteligenţei mele ca să mă faci să înţeleg. Am crezut că Dumnezeu este pentru toţi oamenii şi intenţionează să Se facă cunoscut tuturor. Dacă nu ai studii superioare nu Îl poţi descoperi pe Dumnezeu?

Exact asta fac acum, Mă cobor la nivelul inteligenţei tale ca să Mă fac înţeles. Aici vorbim cu cuvintele tale. Discuţia nu are nimic în comun cu a fi inteligent ori înţelept, fără îndoială ea este o reamintire. Tu nu înveţi nimic trăind pe Pământ, de la alţii, nici cu ajutorul dezvoltării acestui dialog oricât ar părea de înţelept şi de supranatural. Cu ajutorul discuţiei îţi aminteşti ceea ce ai uitat atunci când ai ales să te naşti în lume, adică îţi recapeţi memoria. *Iar misiunea ta actuală este să transmiţi şi semenilor tăi aceeaşi rețetă, medicamentul sufletului.* Vrei să vorbești cu Dumnezeu ca și cum ai discuta cu colegul tău de serviciu?

Da.

Ce te face să crezi că până acum ai discutat cu profesorul de psihologie, atât de posomorât și de limitat în cunoștințe par?

Nu am susținut aceasta.

În regulă, să-i dăm drumul. Așteptai o descriere a lumii dacă ar dispărea Dumnezeu sau dacă nu ar fi existat niciodată?

Cum ar fi dacă ai dispărea acum?

Dacă nu aș mai fi ați rămâne fără suflare, apoi ați cădea din picioare mergând pe stradă. Ați adormi la volanul mașinilor voastre și v-ați descompune în locuințe, căci viața ar pleca de la voi și timpul s-ar opri. Nici viermii nu s-ar mai hrăni cu trupurile, nici ei nu ar mai exista. *Nici vântul nu ar mai bătea, nici ploaia nu ar mai cădea. Iarba nu ar mai crește și copacii nu ar mai înflori. Apa nu ar mai curge, s-ar opri. Păsările ar muri și niciun animal nu ar mai trăi. Atunci dragoste nu ar mai fi, nici moarte nu va fi.*

Nici moarte nu va fi?

Nici moarte nu va fi.

Cum este posibil? Dacă nu ar mai fi viață ar rămâne doar moarte. Dacă nu vom mai trăi, vom muri.

Dacă ați înceta să fiți vii ați înceta și să fiți morți. Moartea nu este definiția unei ființe care nu există. Dacă nu aș mai fi Eu pur și simplu nu ați mai exista. Voi nu ați cunoaște faptul că sunteți morți, că nu existați, nici că nu sunteți. Atunci aparatele voastre ar funcționa până s-ar consuma, până când ar dispărea, lumea ar fi o ruină care s-ar eroda, ar dispărea, iar nimicul ar aștepta. S-ar strânge totul la un loc, apoi ar aștepta comenzi pentru a re-exista prin Big Bang. *Atunci nimicul ar implora ordinele Mele, fiindcă Dumnezeu nu poate să dispară și să nu fie. Însuși nimicul devine coagulant și imploră să adune totul la un loc.*

Dacă nu ar mai fi viață nu ar fi nici moarte, dacă nu ar mai fi întuneric nu ar fi nici lumină, dacă nu ar mai exista frumos nu ar exista nici urât. Dacă nu ar mai exista Dumnezeu nu ar exista nici dracul, nici „du-te naiba".

Hei, să nu mai folosești niciodată asemenea expresii!

Nu ele sunt cuvintele pe care le folosești în conversațiile tale zilnice cu prietenii și colegii?

Ba da. Totuși, cum și-ar putea imagina cineva vreodată că Dumnezeu ar vorbi în felul acesta?

Dar cum își imaginează oamenii că vorbesc Eu?

În orice alt mod, numai aşa nu. Ucizi credibilitatea cărţii pe care o scriem. Vorbeşte cum vorbeai înainte!

Ca un profesor de psihologie plictisit?

Ca un profesor de psihologie, dar nu ca unul plictisit.

Eu sunt relaţiile existente în lumea relativităţii, unde nimicul nu poate exista fără totul şi invers. Nu ucid credibilitatea cărţii, ba chiar îi dau putere, dar e prematur acum să îţi cer să înţelegi adevărata putere.

O experienţă nu se poate izola într-una dintre părţile realităţii relative, *ea se află într-o balanţă continuă între cele două şi este dependentă de cele două.* Din acest motiv cu cât îţi vei dezvolta cunoştinţele şi vei împlini Voia lui Dumnezeu, cu atât ţi se va dezvolta şi puterea de a răni. Şi vei creşte în putere în mod egal în ambele situaţii, tot ce vei avea de făcut va fi să alegi una ca fiind a ta şi astfel te vei crea.

Fiindcă fiara cea mai de temut a câmpului poate să ofere cea mai bună protecţie. Afecţiunea unei leoaice faţă de puii ei e mai profundă decât a oricărui animal, blând şi linguşitor, domestic şi inofensiv. Adevărata putere de a răni nu stă în pumnul celui mai greu om, *ci în cea mai iscusită minte a celui mai mic om.* Cel mai puternic bărbat poate fi îngenuncheat cu cel mai mic efort de cea mai sensibilă femeie. Cel mai sfânt dintre oameni se poate transforma cu uşurinţă în cel mai neîmblânzit răufăcător.

Întâlniţi aceste cazuri zilnic. Le întâlniţi atunci când cel mai devotat preot se transformă în cel mai pervers pedofil şi mai de temut violator. Atunci când cele mai pure sentimente se transformă în cele mai ascuţite săbii. Când cel mai ascultător dintre copii sfârşeşte prin a îşi omorî cu cruzime mama. Când arşiţa celor mai puternice raze de soare degajă cea mai devastatoare furtună. Iar atunci când tu te zbaţi şi îţi impui să devii un sfânt balanţa îşi face datoria şi te trimite înapoi unde îţi este locul.

Ai descris exact starea prin care trec acum. Cu cât cresc în empatie şi compasiune pentru ceilalţi, cu cât ofer mai mult şi iubesc mai mult, cu atât pot răni mai tare, depunând mai puţin efort.

Aceasta îţi solicită mai multă atenţie şi mai mult autocontrol.

De ce în ziua în care am simţit bucuria am lăcrimat? De ce cea mai sublimă sau mai splendidă senzaţie ascunde cea mai pătrunzătoare tristeţe?

Ai lăcrimat căci ţi-ai amintit de casă. Tu nu ai venit în lume pentru a învăţa ori a descoperi ceva, te afli aici ca să îţi aminteşti cine eşti. *De cea mai frumoasă experienţă trăită îţi vei aminti de fiecare dată cu tristeţe. Aceasta deoarece sufletul tău tânjeşte să o retrăiască şi să sărbătorească.*

Multe trăiri ale acestei vieţi creează sentimente cunoscute de voi care vă sensibilizează şi vă întristează. Tot ceea ce am creat pentru voi pe acest Pământ sunt ingredientele care vă ajută să vă amintiţi de adevărata voastră casă. Acestea pot fi descoperite sub o altă formă decât ceea ce sunt Eu.

Raiul pe Pământ a fost creat cu scopul de a vă sensibiliza şi a descoperi dragostea Mea în formă. Bucuraţi-vă de viaţă!

Simt că am multe să Îţi spun însă nu îmi găsesc cuvintele. De ce m-ai ales pe mine ca să scriu mesajul Tău?

Pentru că unul dintre voi trebuia să o facă.

Unul dintre noi, despre cine vorbeşti?

Eu vă aleg pe toţi, dar nu toţi sunteţi pregătiţi să vedeţi ceea ce vreau Eu să vă arăt. Mesajul Meu este puternic şi este divin. Mulţi încearcă să descopere perfecţiunea dar nu sunt încă pregătiţi să o facă. Perfecţiunea vi se descoperă atunci când mintea se deschide şi permite sufletului care sunteţi să se exprime în totalitate. Multe minţi au încercat să o facă dar nu au putut rezista.

Crezi despre tine că Dumnezeu a privit pe Pământ şi te-a ales ca să scrii acest mesaj? Eu îţi spun că o întreagă generaţie a încercat şi nu a reuşit să aibă o viziune mai largă decât cea care i s-a promovat. Prin supravegherea Mea câteva generaţii ale părinţilor tăi au pregătit mediul acesta în care tu să îţi poţi dezvolta pe deplin înţelegerea. Tatălui tău i s-a transmis să scrie acest mesaj dar nu a putut rezista perfecţiunii Mele. El a auzit Glasul Meu.

Încep să se lege toate. Îmi amintesc ca şi cum a fost ieri că venind la mine într-o dimineaţă ca să îmi spună că ar vrea să scrie o carte, a trezit de fapt această idee în mine. La mesajul Tău se referea?

Exact, Eu l-am trimis la tine ca să ţi-o spună, iar cartea a fost scrisă de amândoi. *Tu ai scris prin experienţa trăită de tine*, iar el prin cunoştinţele tale cu privire la experienţa vieţii lui. Cartea a fost scrisă deja, adică evenimentele au fost trăite şi mesajele au fost primite, acum doar ţi le aminteşti şi încerci să le înţelegi.

Eu vorbesc oamenilor prin gânduri, imagini vizuale, întâmplări şi experienţă. Ceea ce trăiţi este un lanţ evolutiv al înţelegerii şi creării. Nu există la întâmplare, nimereală sau coincidenţă. Eu nu te-am ales pentru că aşa a fost să fie, te-am ales pentru că aşa a fost scris să fie, înţelegi ceva?

Înţeleg.

Mă bucur că ai ales să vii la Mine.

De fiecare dată când îmi exprim o idee am sentimentul că nu am scris totul despre ea şi revin, de ce?

Deoarece totul nu poate fi definit prin cuvinte.

De ce sunt atât de implicat şi de sensibil?

Fiindcă eşti creat după Chipul şi Asemănarea Creatorului tău.

Cum ai fi vrut tu să fii, rece şi nepăsător?

Nu aş fi vrut, dar mă refer la faptul că sunt mai sensibil în comparaţie cu alţi tineri de seama mea.

Cu toţii vor ajunge să fie aşa cum eşti tu. Am putea spune că tu eşti mai evoluat decât alţi oameni. Aceasta nu îţi oferă totuşi dreptul de a te diferenţia de ceilalţi, ci te ajută să înţelegi că lumea voastră a fost construită pe deosebiri, fiind destinată a fi una plină de asemănări. Noi toţi suntem Unul.

Vrei să Îţi mărturisesc ceva?

Poţi să Îmi spui orice.

Eu nu sunt la fel ca ceilalţi oameni, eu mă chinui să devin asemeni celorlalţi oameni. Dar pentru a mă face cât mai clar înţeles voi cita una dintre parimiile mele preferate: „Eu sunt nevoit să zbor pentru a ajunge la rezultatul către care alţii pur şi simplu ar păşi". Evident, aceasta înseamnă că eu trebuie să depun eforturi astronomice ca să obţin ceva ce altora le este firesc să deţină.

Este o zicală eroică pot spune, dar plină de dramatism.

Rămân totuşi fidel părerii mele, mă regăsesc în acest citat şi mi se potriveşte atât de bine încât autorul necunoscut parcă m-ar fi cunoscut.

Probabil aceasta este şi cauza dificultăţilor tale.

Care?

Faptul că ţi-ai format această idee despre viaţă.

Cum ar trebui să gândesc ca viaţa mea să fie mai uşoară?

Gândeşte pur şi simplu liber, totul este posibil şi poţi să faci ce vrei, poţi să ai orice, însă înainte de a obţine un lucru trebuie să realizezi că îl deţii deja.

Nu înţeleg cum pot să am orice câtă vreme nu îmi permit o călătorie cu mijlocul de transport în comun, sunt nevoit să parcurc distanţe uriaşe pe jos de fiecare dată când merg la un interviu pentru angajare şi când mă duc să mă recreez, într-o societate perversă în care totul este al nostru şi al părinţilor noştri dar din care nu ni se cuvine nimic. Însă voi testa teoria Ta, nu am de ales.

Nu este o teorie, este un adevăr.

Repet, îl voi testa.

Apucă-ţi frica de gât şi spune-i te iubesc, în felul acesta se va dizolva şi va pleca de la tine. Atunci vei deveni imun, iar tristeţea, singurătatea, grijile şi teama de eşec, nu vor mai exista. Cel puţin nu pentru tine.

Te invit să revenim la lista mea cu întrebări.

Să revenim, totuşi nu înainte de a mai clarifica un amănunt. Spuneai mai devreme că Dumnezeu stă şi te priveşte din cer cum suferi, îmi amintesc bine?

Aşa am spus.

Eu nu locuiesc în ceruri şi nici în Paradis, Eu locuiesc în voi. Chiar şi în cei mai mici dintre voi, în special în cei mai umili dintre voi. Eu Mă dăruiesc creaţiei Mele ca ea să poată exista şi să îşi atingă cu desăvârşire scopul. *Împărăţia cerurilor nu este casa Mea, este a voastră. Eu nu am nevoie de acoperământ deasupra capului Meu, voi aveţi.* Voi creaţi Împărăţia cerurilor pentru voi, făpturile Mele, iar fiinţele cerului aşteaptă ca şi voi mesajele de la Mine. Binecuvântările Mele vor fi primite sub orice formă vor ajunge la ele. *Chiar acum manifestată prin tine îngerii Îmi ascultă Vocea şi Îmi preaslăvesc puterea.*

Înseamnă că până acum L-am asociat într-un mod eronat pe Dumnezeu cu Paradisul. Mulţi spun că Dumnezeu este în cer, noi suntem pe Pământ, El trăieşte în lapte şi miere, noi în chin şi sabie. Susţii că între Împărăţia Ta şi Tine există o altă distanţă de parcurs?

Aşa spun.

Atunci când ne vom opri?

Nu vă veţi opri niciodată din a evolua.

Realitatea relativă pe care o cunoaştem şi cea a absolutului, adică Împărăţia Ta, sunt două niveluri evolutive ale călătoriei noastre, a căror destinaţie este să Îl cunoaştem pe Dumnezeu, să Îl înţelegem şi apoi să devenim ca Dumnezeu, greşesc?

Departe nu eşti.

Toată viaţa am crezut că avem doar o misiune de împlinit, cea extrem de grea trăită pe Pământ, apoi ajungem în Rai şi gata, lapte şi miere, acum spui că Raiul e doar un alt nivel?

Aşa spun.

De ce în prezenţa Duhului Tău trupul meu este paralizat, înspăimântat şi nu îl pot controla, iar când ies din mintea mea şi stăm laolaltă sunt atât de liniştit?

Datorită puterii Mele prin care din cea mai mare pot deveni cea mai mică formă. Dumnezeu este totul, Eu sunt Universul. Eu sunt undeva anume și sunt pretutindeni, sunt Cel mai mare și sunt Cel mai mic. Eu sunt tu, Eu sunt totul.

Mulțumesc din inimă pentru această carte.

Vor mai fi și alte cărți.

De ce atunci când merg pe stradă și văd oameni necunoscuți care mă privesc mintea mea intuiește aproape instantaneu ce ar gândi acei străini despre mine? De cele mai multe ori își dovedește iscusința de a interpreta gânduri. Există și un film artistic pe care dacă l-au văzut cititorii vor înțelege la ce fac referire. El se numește „Ce își doresc femeile" și îl are în rolul principal pe actorul Mel Gibson.

În primul rând această abilitate se datorează faptului că tu te cunoști pe tine. În al doilea rând pentru că ai cunoștință de conștiența comună, cum gândesc ceilalți, iar astfel mintea ta copiază gândurile lor înainte ca ei să le rostească în mințile lor.

Le-aș putea numi puteri supranaturale, însă din moment ce noi toți suntem un singur suflet nu mai par atât de supranaturale. Dacă spui că mi-am dezvoltat aceste abilități și încep să înțeleg cum funcționează Legile Universului, de ce nu pot să fac minunile pe care le făcea Isus? De ce nu pot obține de pildă tot ceea ce am nevoie pentru a nu mă mai îngrijora în privința banilor? Dacă nu mi-aș mai consuma energia în privința lor m-aș putea concentra mai mult aici.

Aceasta ar însemna ca tu să obții ceva pe nedrept, iar Dumnezeu e drept, El nu ar permite niciodată așa ceva. Un elev leneș și obraznic promovează clasa deoarece părinții lui îi cumpără cu bani sau influență diploma. Ele sunt atribuțiile voastre și nu sunt adevărurile lui Dumnezeu. Eu nu menajez pe nimeni, ci vă iubesc pe toți la fel. Unul iese în fața altuia pentru că nu îl iubește, cel care iubește stă în linie cu ceilalți chiar dacă ar putea zbura. El zboară altfel, nu prin prisma minții egotice.

Tot ce a făcut Isus pe Pământ a făcut prin puterea Lui și prin credința Lui în Creatorul Lui. Isus nu a dorit nimic pentru El, spre deosebire de tine El nu a dus lipsă realizând că are totul.

Ce ar trebui să fac de acum încolo ca să fiu fericit?

Oprește-te din a îți mai răbda viața, în schimb savureaz-o din plin, prețuiește fiecare zi. Plimbă-te pe acest Pământ, nu rătăci. Trăiește cu bucurie fiecare clipă ca și cum ar fi ultima ta zi. Nu regreta ce ai făcut greșit, alege din nou, acordând atenție sporită situației. Nu te mai interioriza, afișează rezultatele căutărilor tale, răspunsurile tale îi pot vindeca pe mulți și mulți rătăcitori vor veni în căutarea unui adăpost. Nu le întoarce spatele, ascultă-i, iar prin puterea cuvintelor Mele vindecă-i.

Promovează adevărul, nu imaginea lui. Descoperă-le cartea, nu titlul ei. Înalţă mesajul, nu autorul, astfel le vei vindeca minţile şi trupurile. Trăieşte în continuare ascultând Vocea Mea iar sentimentele fastuoase născute din experienţele tale nu vor lipsi.

Ai nimerit exact ce simt acum. Încerc să descriu peisajul care mă înconjoară şi mă întreb dacă pot reuşi. Totul este alb şi pur iar eu zâmbesc fără să conştientizez. Cearceaful mătăsos care se leagănă prin atmosferă acoperă luminiţele oraşului ce abia se zăreşte în depărtare. Sentimentele îmi şoptesc că sunt un gând care pluteşte în Mintea Ta, un nor în lumea pe care ai creat-o.

Parcă aş fi într-un vis care pare atât de real încât simt că picioarele îmi părăsesc încet pământul. Mă simt îndrăgostit de această seară şi iubesc tot ce pot atinge cu vederea. Iubesc fulgii de zăpadă care îmi cântă serenade de iubire şi nimic nu găsesc a fi nelalocul lui. Fac parte din acest peisaj şi îmi este destinat să fiu aici. Ascult totul ca pe un cântec de pace şi de armonie, iar ceaţa care se lasă îmi recită poveşti de iubire.

Ai fi putut vreodată să îţi imaginezi ceva mai frumos decât peisajul pe care îl priveşti acum?

Nu, niciodată.

Există în lumea voastră ceva mai alb şi mai strălucitor decât zăpada care se aşterne înaintea ta?

Nu.

Înseamnă că zăpada aceasta neprihanită sunt Eu.

Cu adevărat că eşti.

Spune-Mi cine poate fi împotriva ta acum, cine îţi poate cere socoteală în această clipă sfântă?

Nimeni nu are puterea să o facă.

Acesta este momentul tău. Nu există ieri, nici mâine, ci totul se întâmplă chiar acum. *Şterge-ţi gândurile joase şi ridică-ţi conştienţa la nivelul sufletului tău.*

Eşti liber? Poţi să faci ce vrei? Poţi să fii cine vrei tu să fii?

Da, am puterea să iert totul şi simt că pot să accept orice. Iert totul dar mă iert mai întâi pe mine. Accept totul ca parte din creşterea mea şi vreau ca viaţa mea să devină o scrisoare către Tine. Sunt liber, onorat şi privilegiat pentru că trăiesc.

Deschide-ţi odată ochii şi spune-Mi ce vezi?

Văd perfecţiunea, o privesc în deplinătatea ei! Perfectul absolut este splendid şi strălucitor, eliberator. Dar tot ceea ce

văd de fapt simt. Simt ceea ce privesc și nu pot să ating nimic din ceea ce îmi arăți. Ascult ciripitul sutelor de mii de păsări și totuși în jurul meu nu se arată niciuna dintre ele.

Aceasta deoarece ele nu există, nici nu se află în jurul tău.

Nu se află în jurul meu?

Ceea ce îți aud urechile este vuietul cântecului păcii, iar ceea ce privești cu ochii este un sentiment, nu o imagine.

Ochii mei nu privesc acum această imagine miraculoasă? Spui că peisajul nu este real?

Nu este, ochii tăi nu au nicio legătură cu ceea ce simți acum. Pacea care te-a învăluit acum este transmisă de sufletul tău, care iese din interiorul tău, nu provine din afara ta. *Sufletul care ești îi transmite minții care ți s-a dat faptul că ceea ce te înconjoară în clipa aceasta sfântă este perfect. M-ai crede dacă ți-aș spune că percepția ți-a fost schimbată și că totul se petrece în mintea ta?*

Nu aș putea.

De ce?

Pentru că mediul înconjurător poate fi pipăit. Nu poate fi pipăit, este doar un vis și o viziune.

Ceea ce privești acum este mult mai real decât un vis, mult mai real decât binecunoscuta realitate fizică a voastră. Iar sentimentul care te învăluie acum sunt Eu.

Privește o clipă oamenii din jurul tău. Și ei sunt înconjurați de același peisaj mirific, dar trec nepăsători pe partea cealaltă ocupați fiind cu gândurile lor ce sunt veșnic indolente. În schimb tu te-ai oprit în centrul aleilor și admiri cu năzuință totul, parcă te-ai fi născut pentru a doua oară.

Nu mi-aș fi închipuit să simt ceva atât de frumos.

Mai devreme te plângeai că nu poți să faci minunile pe care le făcea Isus.

Ce insinuezi?

Ce intuiești?

Uau, eu am făcut să ningă? Răspunde-mi!

Ți-ai răspuns deja.

Cum ar fi posibil așa ceva?

Ți-am spus, Universul răspunde cererii subconștientului vostru. Voi atrageți în realitatea voastră ceea ce mințile creează sub formă de gând. Vreau să știi că ești printre puținii care au apreciat și Mi-au mulțumit pentru această seară, în ciuda mulțimii care se îndreaptă grăbită spre casă.

Aș vrea să zbor printre fulgii de zăpadă, să planez până la celălalt capăt al văzduhului și să mă întorc într-o clipire.

Pe aceasta ai făcut-o deja.

Când?

Chiar acum. Sufletul care ești a transmis minții care ți s-a dat să creeze acel gând, i-a dat viață. Tu ai fost acolo chiar acum prin puterea imaginației.

Voi sunteți conştienţe, starea de a cunoaşte, de a fi conştient de sine, şi puteţi călători oriunde şi oricând. Dar nu puteţi călători fizic, adică în trupul de carne, doar energetic, cu duhul, adică în afara trupului. Experienţa a fost numită proiecţie în astral.

Ceea ce priveşti acum este un procent nesemnificativ al unui sfert din sfertul de Împărăţie pe care o pregătesc Eu pentru tine. Ai putea spune că M-am arătat ţie, totuşi afirmaţia nu ar putea să definească nici 1% din totalitatea a cine şi ce este Dumnezeu.

Imaginează-ţi un apus de soare ce mângâie zâmbind crestele munţilor tăcuţi, colorând albul vârfurilor lor cu nuanţe de galben, roşu, mov şi portocaliu. *Acesta este Dumnezeu!* Imaginează-ţi nisipul mărilor şi apele cristaline care găzduiesc milioane de vietăţi. *Acesta este Dumnezeu!* Imaginează-ţi miliardele de tone de apă care curg înspumate, formând cascadele gigant. Apele râurilor se purifică şi purifică aerul din jur fără a se consuma vreodată. Este izvorul viu al Pământului. *Acesta este Dumnezeu!* Imagineză-ţi dar vegetaţia planetei, pădurile tropicale, junglele amazoniene, câmpurile sau parcurile cu toate formele lor de relief, firele de iarbă sau frunzele tuturor speciilor de plante. Imaginează-ţi Pământul fără ele, e trist, iar acum adună-le în imaginea minţii tale. *Acesta este Dumnezeu!*

Imaginează-ţi dar toate fiinţele pământului, păsările cerului şi speciile vietăţilor oceanelor, în splendoarea existenţei lor şi în unicitatea lor. Fiecare astfel de făptură minunată deţine un scop şi o misiune, fiind supravegheate de la prima până la ultima celulă invizibilă ochiului. *Acesta este Dumnezeu!* Imaginează-ţi razele calde ale soarelui care îţi mângâie trupul pe o plajă exotică, ploile care răcoresc solul şi vântul care îl usucă. *Acesta este Dumnezeu!* Imaginează-ţi un prunc, un nou-născut şi pe a lui mamă ţinându-se strâns la pieptul tău, plutind fără speranţă pe o barcă răsturnată în mijlocul oceanului învolburat. Tu fiind singura speranţă a lor îi protejezi cu preţul vieţii tale, indiferent de violenţa furtunii care îşi apasă greutatea pe umerii tăi. *Acesta este Dumnezeu!*

Imaginează-ţi un soldat care acoperă explozibilul cu propriul trup, în vederea salvării unor vieţi nevinovate asemeni celei la care a hotărât în mai puţin de o secundă să renunţe acum. *Acesta este Dumnezeu!* Imaginează-ţi o mamă înfometată care renunţă să trăiască pentru a oferi ultima bucată de pâine copiilor ei famelici și lipsiți de nutriment. *Acesta este Dumnezeu!*

Imaginează-ți un amărât, un om al străzii, care întreaga viață a fost desconsiderat, marginalizat, abandonat, înfometat și bătut, și scuipat, până la sfârșitul vieții când a murit înghețat. Însă, nu s-a lăsat cuprins de panică ori egoism, nici nu a simțit remușcări față de ceea ce nu a făcut în viață, ci a plâns, a iubit și a dăruit. S-a ridicat din coliba lui de nailon și de cartoane folosindu-se de ultimele puteri și a dăruit tot ce a avut celui mai bun prieten al său. A dăruit cinci lei, un colț de pâine și perechea lui de încălță-minte rea, folosită. El este un miracol al lui Dumnezeu și *acesta este Dumnezeu!*

Cea din urmă este o întâmplare reală sau o pildă bună?

Este crunta realitate a celor care sunt salvați, acelora pe care în mod continuu îi condamnați.

Folosești de fiecare dată acest „noi" parcă aș fi responsabil de soarta acelor nefericiți. Nu putem salva întreaga planetă, nu avem puterea unui mesia!

Voi creați realitatea care vă înconjoară la nivelul conștienței de grup sau planetară.

Ceva îmi spune că acest dialog nu se va termina curând.

Cunoști când vom termina de scris această carte. Prima parte a dialogului „Vorbind cu Dumnezeu" se va încheia pe 20 aprilie 2013. *Aceasta nu înseamnă că Eu voi înceta să îți vorbesc*, nici că te vei întoarce la modul de viață pe care l-ai trăit până astăzi. Și totuși vei continua să trăiești liber, *Eu nu Îmi încalc niciodată promisiunea*. Promisiunea Mea față de voi a fost și este ca voi să fiți liberi. Dovada că nu Îmi încalc promisiunea este faptul că nu îți voi impune să faci Voia Mea, te voi ajuta să o descoperi și să o alegi ca fiind a ta proprie.

Cum poți fi atât de sigur? Dacă pe parcurs se va întâmpla ceva care mă va determina să renunț ori pur și simplu nu voi mai avea inspirație?

Lasă grijile deoparte și concentrează-te asupra lucrării pe care ai săvârșit-o deja.

Lasă-mă să ghicesc, spui să mă concentrez asupra cărții pe care încă o scriu, dar pe care am terminat-o deja? Amețeala aceasta de cap reprezintă logica lui Dumnezeu?

Exact. Ai intuit „corect", observând că ți-ai dezvoltat abilita-tea de a interpreta gânduri, mai ai totuși de lucrat la seriozitate și credibilitate. Nu îți face griji, până la sfârșitul acestui dialog vei atinge și aceste niveluri de perfecțiune. Dar pentru a nu mai prelungi aceste discuții, care te privesc doar personal, continuă cu lista ta de întrebări.

Vreau să insistăm asupra anumitor teme biblice. Faptul că oamenii nu au înțeles Biblia nu mai poate fi contrazis. Odată ce pot vorbi deschis cu Tine și îmi formez propriile idei, constat cu părere de rău că multe dintre cele descrise în Biblie în comparație cu cele descoperite aici par idei contradictorii.

Cum poți să susții că ești binele absolut ori cum ne putem numi noi ființe libere, din moment ce atunci când umanitatea a încetat să se comporte după placul Tău ai îngăduit potopul Biblic, mai exact moartea tuturor ființelor întrupate la vremea respectivă? Cum poți să susții că nu există bine sau rău când acei oameni au greșit și au fost pedepsiți pentru greșeala lor?

Dacă spui că Tu nu judeci omenirea, cine o va judeca sau de ce suntem nevoiți să ne expunem la atâta chin?

Sunt bune întrebările tale și Mă bucur că ai pus problema în felul acesta, curiozitatea ta îi va hrăni pe mulți.

Voi începe prin a îți spune că greșești. Da, Eu, Cel care susțin că nu există bine și rău, corect ori incorect, îți spun că greșești. În primul rând ai pornit ideea prin a judeca acțiunea Mea de a vă judeca pe voi, o acțiune care nu există. Din moment ce v-am creat ca să fiți liberi înseamnă că nu vă pot judeca. Vezi tu, aceasta este de fapt contradicția. Dumnezeu nu judecă ceea ce este corect sau incorect, spre deosebire de voi Eu nu am o gândire relativistă, nici nu trăiesc în relativitate. Pentru Mine totul este corect fiindcă Eu nu pot fi niciodată incorect. Eu nu vă spun ce este rău și ce este bine, vă las pe voi să decideți. Totuși, voi nici măcar nu știți ce vrea Dumnezeu de la voi, fiindcă nu cunoașteți Voia Mea. Atunci când nu Mă cunoașteți Mă inventați și convingeți oamenii să se teamă de dumnezeul pe care l-ați născocit ca să profitați.

Atunci când afirm că vreau totul de la voi vă gândiți că este o responsabilitate mult prea mare. De asemenea, când spun că nu vreau nimic de la voi vă transformați dumnezeul născocit într-unul orgolios. Eu vă spun că vreau și totul și nimic din partea voastră, pentru că ambele relații sunt egale și fac parte din ce am creat în Universul acesta pentru voi.

Oamenii care au trăit în vremea lui Noe nu au fost pedepsiți, ei au primit oportunitatea de a se salva dar au ales să nu o facă. Oare a fost o alegere rea, bună? Eu spun că a fost o alegere bună din moment ce sufletele lor au știut că evoluția în acele trupuri le-a fost în totalitate compromisă.

Îți amintești când ți-am spus despre Univers că răspunde de fiecare dată afirmativ cererilor voastre?

Sigur.

Cum spuneam, puterea conștienței la nivel planetar devine foarte puternică și poate atrage asupra planetei voastre tot ceea ce creați. Astfel, în vremea lui Noe, dacă oamenii de pe întreaga suprafață a Pământului gândeau distructiv, adică urau, răneau și își doreau distrugere reciproc, au atras și creat acel eveniment în realitatea lor. Ai auzit vreodată din gura unui prieten expresia:

- Să vină un asteroid și să ne ducem toți dracu' pentru că nu mai suport lumea aceasta iubitoare de ego și indiferentă față de esență, de cinste și adevăr?

Am auzit-o, chiar am și folosit-o.

La dracu' vă trimiteți cam des, nu crezi că ar fi cazul să vă trimiteți și la Dumnezeu? Cât despre prăbușirea unui asteroid pe Pământ, te întreb, *crezi că dacă veți continua să gândiți astfel veți fi cruțați de la distrugere?*

Evenimentul a fost profețit în Cartea revelației, spuneai că nu va fi niciodată sfârșitul lumii, totuși.

Lovirea Pământului cu un corp stelar nu are puterea de a reprezenta sfârșitul lumii, evenimentul va fi o subdiviziune și un alt început. Nici dispariția planetei nu poate reprezenta un sfârșit.

Explică-mi mai bine Te rog.

Am nevoie ca și tu să încerci să înțelegi mai bine.

Mă străduiesc.

La început ați fost creați într-o lume perfectă. În acest spațiu perfect scopul vostru e cel de a călători, plecând de la un punct, pentru a ajunge într-un sfârșit la un altul. Distanța dintre ele v-a încețoșat privirea și ați uitat blândețea perfecțiunii primordiale. Distanța dintre cele două ați numit-o timp, Eu o numesc evoluție. Căci voi vă mișcați doar în spațiu, nu în spațiu și timp, fiindcă nu există timp, doar spațiu. Ceea ce ați numit timp este spațiul dintre cele două destinații. Fiecare distanță parcursă „în timp", dă naștere unei noi destinații. Astfel, fiecare sfârșit deține fără îndoială un nou început.

Încă Mă minunez văzând cum încercați să faceți fapte bune pentru a ajunge în Paradis, vă impuneți să respectați toate tradițiile religioase și implorați ca Dumnezeu să intervină și să vă salveze, atunci când Eu vă îndemn să conștientizați faptul că Raiul va fi creat de voi. *Raiul imaginat de oameni nu există, tot așa cum nu există nici iadul. Raiul așteaptă să fie creat de conștiențele sufletelor neprihănite.*

Raiul va fi creat de oameni?

Cu siguranţă că va fi. Voi aşteptaţi izbăvirea voastră pentru a ajunge în Rai, când deţineţi toate elementele necesare desăvârşirii. Eu v-am aşternut la picioare tot ce aveţi nevoie, dar spuneţi că nu puteţi să faceţi nimic. Raiul reprezintă un sentiment perfect şi complet, care va fi creat într-un spaţiu desăvârşit al perfectului absolut. Ai plecat?

Nu, dar mă gândeam la altceva.

La ce?

Cum ar fi să transmitem un mesaj revoluţionar omenirii pentru a dezminţi definitiv opinia oamenilor care susţin că nu există Dumnezeu?

Nu ştiu dacă ar fi cel mai bun lucru pe care l-am putea face. Această carte nu ţi se pare un mesaj îndeajuns de revoluţionar?

Ba da, dar ştii la ce mă refer, ceva care să nu mai poată fi contrazis sau reinterpretat.

Tu, din punct de vedere personal, ce le-ai transmite celor care cred că nu cred că există Dumnezeu?

Din punct de vedere personal îmi este ruşine de Dumnezeu atunci când ne aud spunând că nu există Dumnezeu. Această afirmaţie este chiar o negare a existenţei celui care o foloseşte.

Voi întreba totuşi astfel:

Cum poţi să afirmi că nu există Dumnezeu, când tu exişti, te mişti, respiri şi gândeşti? Dumnezeu reprezintă viaţa. Aşadar El eşti chiar tu şi tot ce are viaţă în Univers, forma înzestrată cu maximum de înţelepciune şi eşti în continuă creştere. Dacă nu ar fi existat un Creator, însă, tu ai fi existat, nu ai fi putut să fii altceva decât un aparat de radio sau un storcător de fructe, pe care nu ar fi avut cine să îl folosească pentru că nu ar fi existat cineva care să îl folosească.

Iată una dintre cele mai amuzante comparaţii citite vreodată! Lăsând gluma la o parte, această afirmaţie este plină de adevăr, iar mesajul tău este similar cu cel pregătit de Mine.

Aceasta înseamnă că gândim la fel?

Aceasta înseamnă că gândim la fel din moment ce noi cu toţii Una suntem, ai uitat? De câte ori este nevoie să vă spun că Eu sunt calea, adevărul şi viaţa? În câte cărţi am scris aceste cuvinte de-a lungul istoriei? Le-am scris de sute de ori şi tot nu le-aţi înţeles.

Întrebarea este de fapt ce înţelegeţi voi prin cuvântul „viaţă"? Mulţi dintre voi o să răspundeţi că viaţa este definită prin tot ceea ce se mişcă ori există şi nimic nu poate fi mai plin de veracitate decât afirmația rostită. Dar, vedeți voi, nu tot ceea ce se mișcă și există are viață.

Viața este caracterizată prin acel orice care are o conștiență și o inteligență proprie, care este conștient de sine și poate astfel să decidă, să atragă asupra lui sau să îndepărteze de la el. Viața este un gând individualizat care are dreptul să aleagă.

Din nefericire pentru mulți este posibil ca peste câțiva zeci de ani urmașii lor să creadă despre un robot de bucătărie că are viață, căci se poate mișca și poate executa ce a fost programat să execute. Probabil veți crede despre un avion că are viață, pentru că în ciuda faptului că este o bucată moartă de material zboară și se deplasează. Cei mici cred despre un calculator că este o persoană, căci el poate imita imagini, sunete, și poate rosti cuvinte. Peste câțiva ani calculatoarele vor putea să vorbească. Inteligența artificială va avansa de la stadiul imaginar până la realitate. Va fi ceva firesc să comunici cu o creație artificială.

Tehnologia va avansa, va fi îmbunătățită iarăși și iarăși și va deveni atât de convingătoare încât unii nu veți mai face diferența între viață și existență. Mulți nu reușiți nici astăzi să o faceți și vă condamnați la câștigarea supraviețuirii, crezând că viața este un sacrificiu. Puterea percepției transformă realitatea într-una ostilă și strigați că sunteți victime ale sistemului exterior, când în realitate sunteți victimele sistemului vostru interior.

Te declari cumva împotriva tehnologiei?

Eu nu Mă declar împotriva niciunui lucru, pur și simplu scot la lumină aspecte pe care majoritatea le treceți cu vederea. Ar fi bine să trezească în voi semne de întrebare această dezvoltare a tehnologiei în comparație cu sistemul vostru de gândire perimat.

Ce spui despre forța de distrugere în masă pe care omul și-a însușit-o după Al Doilea Război Mondial? A fost creată pentru a servi apărării? În cazul în care intențiile acțiunii se prezintă a fi de protecție ele vor da naștere altor întrebări, cum ar fi: protecție față de cine, atac împotriva cui? Vom dezvolta aceste subiecte în detaliu pe viitor.

Scopul lui Dumnezeu nu este să emită judecăți la adresa celor pe care i-a creat a fi liberi, ci expun observații ca să vă cunoașteți și să vă priviți dinăuntrul celei mai limpezi viziuni avută vreodată despre voi înșivă.

Spuneam că un calculator îți poate oferi astăzi cuvinte, mai târziu el va putea lega un dialog. Totuși, cuvintele nu au viață, ele sunt doar schimburi de informații, gânduri ori dorințe exprimate.

Atunci când două persoane doresc să îşi transmită gânduri de la una la cealaltă folosesc aceste sunete prestabilite pe care le-aţi numit cuvinte. Prin cuvinte vă puteţi transmite unul altuia informaţii dar nu şi sentimente, nici stări şi nici emoţii. Pe acestea le simţiţi înăuntrul vostru, iar de cele mai multe ori ele se pot transfera doar printr-o legătură strânsă între două persoane, între doi îndrăgostiţi, între mamă şi copil şi aşa mai departe.

Iar cuvintele nu pot înlocui adevărul. Atunci când suferi poţi minţi zicând celorlalţi că eşti în regulă. Când îţi respingi partenerul spunându-i că eşti supărat te poţi bucura cu uşurinţă de compania altei persoane, pe ascuns. Ea este masca fericirii pe care o purtaţi cu toţii. Pe tema relaţiilor de cuplu vom mai insista acum ori poate într-un al doilea volum.

Va exista şi al doilea volum?

Depinde de tine dacă va exista al doilea volum, Eu îţi spun că volumul doi al dialogului există deja. În ceea ce priveşte relaţiile voi încerca să Mă rezum la un singur aspect. *Adevărata nebunie într-o relaţie ar fi să faci acelaşi lucru de o sută de ori, însă de fiecare dată să aştepţi rezultate diferite.*

Acest citat îmi sună cunoscut. Dacă mă gândesc bine este un aforism al lui Albert Einstein ori unul asemănător.

Eşti atât de convins de faptul că Dumnezeu apelează la surse mai mici decât ceea ce este pentru a Se exprima corect ori pentru a Se face cât mai clar înţeles? Dacă Eu sunt cel mai înalt gând al vostru cum M-aş putea folosi de ceva mai mic decât ceea ce sunt? Afirmaţia ta face din Dumnezeu un impostor. Eu îţi spun că ele sunt cuvintele Mele, scrise de acel maestru al vostru. Altfel nu se poate, altfel nimic nu are sens.

Nesiguranţa în relaţiile de cuplu se datorează uitării voastre. Omul este o fiinţă desăvârşită şi perfectă, natura lui primordială e completă, ea nu necesită ceva sau pe cineva care să îi confirme zilnic acest lucru.

Dacă aş putea deveni mai puternic.

Adevărat îţi spun, o viaţă de succes nu constă în a fi cel mai puternic. Mesajul Meu nu are nicio legătură cu puterea imaginată de voi. Viaţa nu este o competiţie, este acceptare şi dedicare.

Înşelându-ţi aproapele pentru a obţine o parte din puţinul său nu devii mai puternic, devii una dintre cele câteva milioane de minţi conduse de instinctul sălbatic de supravieţuire. Acest instinct preia controlul asupra majorităţii maselor şi transformă libertatea în inchiziţie, determinând omul la o involuţie generală, un sistem de gândire regresiv care se manifestă în voie pe planetă.

De pildă, conduși întreaga viață de instinctul de supraviețuire cu ce vă veți deosebi de fiarele câmpului și cum veți putea depăși regnul animat în care mulți rătăciți de câteva miliarde de ani?

Apropo de fiare și de paraxenia mea de a dezlega misterele biblice, spune-mi ce semnifică prima fiară descrisă în Cartea revelației?

Înainte de a îți dezvălui cea mai înaltă perspectivă de înțelegere a revelațiilor din trecut, e necesar să cunoașteți faptul că Eu nu am scris nimic niciunde, tot ce a fost scris vreodată a fost scris de voi, pentru voi, sub inspirația și îngăduirea Mea.

Prima fiară descrisă în Cartea revelației simbolizează vechea biserică romană, transformată în catolicismul de astăzi. Aceasta a modificat vechile legi călăuzitoare lăsate de apostolii din trecut poporului lui Israel. Puterea ei politico-religioasă va mai conduce puțină vreme omenirea în sclavie și apoi la pierzanie.

Simbolizată ca o icoană a vechiului catolicism a luat naștere ortodoxia, instituție religioasă aducătoare de profit, care „*a primit puterea să vorbească*"[4]. Preoții au confecționat icoane reprezentative a ceea ce se presupune că este sus și au păcălit oamenii cu ele. Cea care s-a bucurat de cea mai mare influență asupra voastră este icoana care îl reprezintă pe Isus Hristos răstignit. Prin intermediul ei religia a sclavagit umanitatea, a trăit pe spatele ei și a convins-o să meargă la război. Întreg Pământul i se închină fiarei și astăzi, iar în ciuda tuturor intențiilor ei de îndepărtare a luminii Mele promovează Numele lui Dumnezeu. Și nu doar Îl promovează, ba Îl și falsifică de fiecare dată când dogmele depășite se confruntă cu cereri de revizuire.

Aceste instituții promovează un dumnezeu mort, care nu vindecă oameni, nici minți și nici suflete, ci impune, pedepsește sau aruncă în iad, apoi susține că iubește. Este dumnezeul sculptat în piatră și cel pictat pe sticlă. Totuși, majoritatea dintre voi, proclamându-vă evoluția, încă mai îngenuncheați înaintea acestor minciuni și sărutați tot felul de reprezentații, atunci când Eu nu aștept de la nimeni să Îmi cadă recunoscător și să Mi se închine, aștept să vă recunoașteți pe voi ca ființe spirituale, înțelepte și independente în Univers. Acesta despre care ți-am vorbit este dumnezeul promovat de toate religiile lumii, indiferent de tipul lor.

Care este scopul lor final?

Apariția sistemului de gândire care a fost numit în trecut anti-

---

[4] Apocalipsa lui Ioan 13:15.

hristic, separatorul, egoul. El lucrează prin voi încă de acum două mii de ani și nu numai de atunci.

În tot acest timp preoții care au promovat dumnezeul răzbunător și care nu există au urmărit să întoarcă umanitatea împotriva esenței ei, adică a adevăratului Creator?

Pare atât de greu de crezut?

Pare imposibil de crezut!

Libertatea pe care nu ați înțeles-o v-a întors împotriva Creatorului vostru. Iar atunci când vă negați Sursa primordială pur și simplu vă negați pe voi, determinând în cele din urmă dispariția voastră ca civilizație. Sistemul de gândire antihristic provoacă autodistrugere, adică facilitează dispariția rasei umane. Cu toate că materia nu poate fi distrusă în totalitate, ci este transformată, a sosit timpul să faceți pasul următor, pe aici v-ați mai învârtit și nu doar o dată.

La fel cum un copil dacă își neagă tatăl, spunând despre el că nu există, nici nu a existat, atunci nici copilul nu există. Această judecată provoacă totodată dispariția lui. Căci nicio ființă din câte există pe Pământ, indiferent de gradul de cunoaștere și înțelegere, nu își neagă Sursa de proveniență, toate vin de undeva. Doar cei rătăcitori, care se împotrivesc vieții, pot crea astfel de programe adormitoare de rațiune și simțire.

Te întrebi cum s-a putut ajunge la un astfel de sistem de gândire primitiv? Foarte simplu, promovezi un dumnezeu care își urăște creația, ca mai târziu el să devină o victimă, fiind părăsit desigur de adepții pe care îi pedepsea.

Cine sunt cei care se împotrivesc vieții?

Cei care cred că sunt liberi și care s-au numit atei. Ei sunt cei care au căzut victime planului de dezbinare promovat de religiile Pământului. Sunt fiii preoților care au fost învățați strâmb, urmașii stâlpului putred al religiei instituționalizate, simbolizată ca prima fiară în Cartea apocalipsei. Generația tânără se răzvrătește astăzi împotriva programului de formare care i-a răpit libertatea și cere vărsare de sânge, iar preoții se ascund de consecințele faptelor lor și a credințelor lor murdare care au născut diavoli.

Cât despre Antihrist, încearcă să nu îți mai imaginezi o persoană, ci mai degrabă un concept, un grup care s-a ridicat împotriva stării voastre naturale, rezistența care s-a născut în mijlocul popoarelor, despre care credeți că aveți nevoie. Această grupare (grupuri care se vor uni) va avea nevoie de un lider. Cel care va fi ales va prelua puterea politică, va lupta sub pretextul dreptății și va vorbi în numele națiunilor. Și mulți vor alege să fie de partea lui, căci va vorbi plăcut auzului, așa cum a vorbit fiara care este religia. Crezând că au găsit salvarea oamenii îi vor dărui puterea, totuși nu vor merge nicăieri, vor cădea din nou în capcană. Căci ei așteaptă de la oameni nu de la Dumnezeu. Sunt cei care cred că salvarea se află în mâinile unui conducător ori poate veni din partea unei societăți perfide, subiect pe care îl vom dezvolta în următoarea carte pe care o vei scrie.

Și chiar dacă cel mai înstărit și dedicat conducător, indiferent de influența și autoritatea de care se bucură, ar dori să vă salveze ori să se salveze pe el însuși, crezi că ar putea?

Nu ar putea.

Liderul despre care îți vorbesc este așteptat deja. El trăiește printre voi și este rezultatul creat de conștiența națiunilor unite, materializat în realitatea voastră. E ceva de care credeți că aveți nevoie deoarece nu aveți încredere în voi înșivă și în ceilalți.

Dacă vrei sinceritate din partea mea Îți spun că și eu mă declar a fi împotriva autorităților corupte care guvernează, convins fiind că în urmă cu câțiva zeci de ani eram conduși de oameni care nu erau pregătiți intelectual și emoțional să o facă. Astăzi suntem conduși de oameni instruiți să înșele. Gândind astfel mă pot numi unul care face parte din rezistență? Eu de partea cui sunt?

Ești de partea nimănui, fiindcă liderul nu stă nici jos, nici sus. Dar dacă vei continua să gândești astfel Mă tem că nu ai înțeles nimic din mesajul acestei cărți. Cu toate acestea e bine să gândești împotriva autorităților, dar nu e bine să lupți împotriva lor. Nu ți-ar aduce niciun folos să o faci și ți-ai irosi viața în loc să o trăiești. Dacă ai alege să lupți pentru dreptatea ta cu ce te-ai mai putea diferenția de ele? Spune-Mi, ce crezi că stă mai presus de dreptatea omenească?

Iubirea.

Exact, te-ai luminat, ai înțeles, iubirea. Mă uimești!

Să nu exagerăm.

Iubirea stă deasupra dreptății, deasupra a tot ceea ce e corect și bun. Iubirea este Dumnezeu și este al șaselea simț dăruit omului. Voi, ajunși pe Pământ, primiți mii de șanse pentru a ierta, dar în loc să iubiți alegeți să vă faceți dreptate. În felul acesta *suferințele revin* asupra voastră și le retrăiți de atâtea ori până învățați să îi iertați pe cei care vi le provoacă.

Suferința nu este o pedeapsă de la Dumnezeu, este un dar de la Mine, prin care vă construiți caracterul și vă desăvârșiți ființa. Acesta este scopul, iertarea este înălțarea.

Tu nu mai faci parte demult din lumea aceea, tu ai ales să fii îndrumător iar alături de Mine ești supraveghetor. Și nu ai nevoie de nimic de acolo, dar mulți de acolo au nevoie de tine și nu știu. Puțini dintre ei cunosc acest lucru.

Lumea voastră accelerează într-o direcție greșită și mulți se declară a fi împotriva lui Dumnezeu. M-ai crede dacă ți-aș spune că în realitate niciunul din câți trăiesc pe suprafața Pământului nu este împotriva Mea?

Cum aș putea să cred?

Nimeni nu este împotriva Mea și nimeni nu va putea fi, căci Dumnezeu nu are adversar. Aceasta este o blasfemie! Nimeni nu s-ar putea declara vreodată a fi împotriva unuia pe care nu l-a cunoscut niciodată. Cei care declară că sunt împotriva lui Dumnezeu nu sunt împotriva Mea, ei s-au ridicat împotriva a ceea ce li s-a spus că este Dumnezeu. *Dar aceștia nu Mă cunosc, nici cei care i-au învățat despre Dumnezeu nu M-au cunoscut.*

Dumnezeu nu duce o luptă cu oamenii, oamenii se luptă între ei. În schimb Eu iubesc, iar cei care vor alege să Mă cunoască nu se vor mai putea dezlipi de Mine în veci. Oamenii se împotrivesc dumnezeilor creați de oameni, nu Mie, esența reală a ceea ce sunt ei. Așadar, lupta împotriva manipulării sau misiunea de creare a sinelui vostru sunt cu adevărat problemele care ar fi bine să vă preocupe, nu grija pentru ceea ce băgați în gură și oferiți copiilor voștri ca hrană. Acestea din urmă pentru care vă tot irosiți viețile sunt sarcina Mea și nu a voastră. Așa a fost de la început, iar ele sunt legile Mele pe care nu le veți putea schimba niciodată oricât v-ați strădui.

Observ că a devenit o obișnuință să îmi răspunzi la întrebări înainte ca eu să Te întreb. Spui să nu îmi fac griji că sunt încă singur, că ai pregătit pe cineva special pentru mine. Voi aștepta și treptat poate se va adeveri tot ce am scris aici.

Mai observ la Tine faptul că Îți place să șochezi umblând alături de mine pe stradă, fără să Te lași privit. Sunt convins că acest mister Îl definește pe Dumnezeu. Înțeleg cum Te poți face iubit fără să Te folosești de puterile Tale, fără a influența cuiva libertatea. Încep să cred că Îl înțeleg pe Dumnezeu. Cu toate acestea mă întreb cum pot să cred cu asemenea tărie în ceva ce sufletul îmi spune că există, dar mintea încearcă a îmi dovedi cu fiecare prilej contrariul?

Aici se ascunde secretul forțelor Universului și al cunoașterii de sine. Ea este puterea recunoscută și practicată de Isus.

Dar multe în această viață mi se par a fi inutile, trăim un chin continuu. Este obositor să tot aștepți și să cauți an după an și zi după zi.

Toate lucrurile își vor contura în mintea ta un rost, iar trăirile tale își vor descoperi beneficiile atunci când îți vei folosi mintea cu care te-am înzestrat.

Spuneai că am început deja să îmi folosesc mintea.

Este adevărat că ai început, dar nu am zis niciodată că o folosești la capacitate maximă. Pentru mulți lucrurile încep să capete un sens numai după ce mor. Spre deosebire de mulți tu încerci să creezi sensul vieții tale încă de la această vârstă fragedă. Tu nu te adaptezi sistemului, îți creezi sistemul propriu, dai sens trăirilor tale, apoi le împingi în direcția către care îți șoptește sufletul care ești să le împingi.

Cum voi putea deveni mai credibil? Cine va lua în seamă cuvintele unui om care nu deține studii superioare, cine va da crezare unui simplu constructor de case?

Pot să îți adresez și Eu o întrebare?

Sigur.

Câtă încredere îți acorzi atunci când construiești acele case? Cine te poate contrazice în legătură cu ceea ce faci?

Nu mulți pot, poate nimeni nu poate.

În ciuda încrederii în cunoștințele de a crea la nivel material, îți aduc la cunoștință faptul că atunci când ai venit aici ai venit gol, iar toată cunoștința și priceperea ți le-ai dezvoltat trăind în lume. Te-ai dezvoltat în acest scurt timp în care ți-ai transformat mintea din receptor de informații într-una care emite informații. Tu ești unul dintre filtre.

Atunci când te îndoiești de puterea ta, negându-te și spunând că nu poți, te îndoiești de Mine, de puterea și de promisiunea Mea față de tine, cu ajutorul căreia ți-ai început procesul alchimizării din constructor de case într-unul de caractere.

Cei care vor citi aceste pagini vor crede că mă autointitulez un învățător spiritual, precum își spun maeștri orientali.

Poate ești un maestru. Poate motivul pentru care ai coborât din nou pe Pământ este acela de a revela oamenilor o mică parte a strălucirii Mele impresionante, apoi a le adresa întrebarea cine este ca Dumnezeu?

Vreau să Te mai întreb ceva, ceva ce m-a frământat mult în ultima vreme. Aș dori să aflu de la Sursă dacă Biblia conține interpretări greșite, adăugiri și traduceri incomplete?

Răspunsul la toate cele trei este unul singur: da.

Dar mi-e greu să cred. Cum poate Biblia să conțină aceste erori din moment ce a fost scrisă de Tine, Dumnezeu fiind perfect, pentru ce ai îngăduit asemenea catastrofă?

Biblia a fost scrisă de Mine sub formă de sentimente, viziuni și revelații, iar voi le-ați interpretat, apoi le-ați așezat în cele mai potrivite cuvinte. Probabil dacă M-aș fi coborât pe Pământ ca să o interpretez Eu Însumi Mi-aș fi încălcat promisiunea de a nu vă influența libertatea. Biblia a fost și rămâne cel mai perfect lucru pentru voi, ea este o mică parte din planul Meu cu voi.

Dar ce te-a determinat să judeci modul în care au interpretat cei din trecut ceea ce le-am descoperit, atâta vreme cât tu deții un întreg arsenal de tehnologie a informației și totuși nu ai reușit să așezi în cele mai potrivite cuvinte o simplă imagine pe care ți-am arătat-o cu câteva luni în urmă?

În articolul „Viziuni asupra vremurilor de apoi" ai încercat să descrii în cuvinte actuale ceva ce nu există încă în lumea voastră, dar nu știu în ce măsură ai și reușit să o faci în mod clar și concis. În orice caz, tot ce ai scris în această carte este ceea ce oamenii au nevoie să audă.

Ai cunoscut vreodată sentimentul acela în care în loc să judeci pe cineva cu privire la o faptă, să te bucuri pentru el pentru că e liber să facă orice, orice ai constata că face cu acel orice?

Nu am privit niciodată lucrurile din această perspectivă și nu cred că au fost analizate dintr-una similară vreodată.

Copiii Mei, adevărat vă spun Eu vouă, mai sunt sute de sentimente, dorințe și emoții nedescoperite sau neexplorate de voi. Pe unele le catalogați ca fiind rele, vă judecați pe voi spunând că sunt diabolice, dar totuși le gândiți și le simțiți. Mai spuneți despre voi că sunteți liberi, însă vă impuneți zilnic să trăiți cum au trăit alții, încercați în fiecare zi să gândiți cum au gândit alții, indiferent dacă sunteți de acord cu ideile sau dacă nu le acceptați în totalitate.

În lumea aceasta largă există miliarde de păreri și interpretări. Câți oameni trăiesc pe Pământ tot atâtea păreri vei întâlni. Unele se apropie de adevăr, însă altele se îndepărtează de Sursă. De la cele care se îndepărtează de Sursă se abat la rândul lor și altele, iar de ele și altele, până vor uita care este Sursa adevărului real, realitatea supremă, apoi se vor consuma între ele și se vor pierde. Atunci din mijlocul acestora va lua naștere alta care le va aduce pe toate celelalte înapoi. Acesta este misterul lumilor.

Tu în ceea ce privește această carte *te-ai apropiat foarte tare de adevăr, ai interpretat Glasul Meu în cea mai înaltă formă în care a fost interpretat vreodată.* Ai transcris Vocea Mea în cele mai potrivite cuvinte, însă nu sub forma ei reală. Nu o vei putea face vreodată în totalitate, fiindcă acest mesaj nu este adevărul, el vorbește despre adevăr.

Călătoria voastră se va sfârși atunci când nimeni nu va mai cunoaște binele și răul. Atunci veți veni înapoi acasă. Și astfel veți înceta să mai trăiți în frică, ci pur și simplu veți trăi. Abia atunci omul nu va mai fi nevoit să se ferească de gândurile exterioare, el va trăi în dragoste și într-o compatibilitate divină. Și nu va mai fi nevoit să se înfrâneze, căci tot ce va gândi, va rosti și va face, vor fi alegeri inspirate divin.

Primii oameni care au trăit pe Pământ nu au cunoscut binele și răul, în schimb erau puri și neprihăniți. *Adevărat vă spun, tot acolo vă veți întoarce.* Ea reprezintă destinația călătoriei voastre din prezent, este Împărăția cerurilor de unde ați plecat și unde vă veți întoarce.

Eu v-am creat perfecți, *iar tot ceea ce priviți în jurul vostru este perfect. Voi trebuie să învățați să priviți ceea ce este în jurul vostru fiindcă totul este unic și diferit în același tot nemărginit.*

Mai sunt sute de sentimente ce așteaptă să fie descoperite, ele sunt sentimentele cele mai înalte care se nasc din cele mai mici lucruri. Încetați să mai căutați atât de adânc, ci priviți mai întâi în stânga și în dreapta voastră. Nu vă complicați, nu vă pierdeți în conspirații de tot felul. *Trăiți fiecare zi ca și cum ar fi ultima zi și iubiți-vă ca și cum ați iubi ultimul om care trăiește pe Pământ.*

Volumul doi al acestei serii va fi evaluarea omului și a poziției în care se află. Cartea va evalua evenimentele care s-au întâmplat deja, pe care voi încă le așteptați să se întâmple. Volumul doi va coborî mai adânc în problemele legate de ceea ce nu faceți și va elimina judecățile cu privire la ceea ce nu trebuie să faceți.

Voi vă scrieți istoria citind-o și astfel așteptați viitorul fără ca să trăiți prezentul. Trezindu-vă însă în viitor oare veți mai avea ce să citiți?

Noi trăim în trecut, urând prezentul și așteptând viitorul.
Mai ai ceva de adăugat pentru încheiere?

Aș adăuga faptul că trăim de parcă nu am muri niciodată și când vine vremea să murim o facem precum nu am fi trăit vreodată. Dar poate va veni timpul când ne vom trezi, în care ne vom bucura pentru cei care încă trăiesc, care se bucură de libertate, de dragoste și de lumină!
Ferice de copiii voștri, căci a lor este Împărăția cerului!
Am mai auzit această afirmație.

Mă bucur că ai auzit-o, ceea ce Îmi doresc Eu copii este să o și înțelegeți, apoi să o aplicați.

Sunt încă nedumerit în privința reacției oamenilor la citirea mesajului nostru, care ar putea fi interpretat drept eliminarea tuturor regulilor. Cu toții vor fi liberi să facă ce vor și nimeni nu va fi judecat sau pedepsit. Nu există iad, nici acel dumnezeu răzbunător, impunător, promovat de toate religiile Pământului și „nu vor muri, Eu sunt Domnul", ca să Te citez. Eliminarea tuturor regulilor nu provoacă rătăcire?

O rătăcire mai mare decât cea care există astăzi pe planetă? Ești de părere că oamenii își urmează astăzi valorile cu demnitate și credință? *Care sunt valorile voastre, oferă-Mi un exemplu!* Știu, nu ai putea să o faci, cu toate că mulți ar opta pentru scriitori ori pentru știință, pentru cultură, politică, religie, dreptate, învățământ, dar nu avem timp acum să oferim noțiuni caracteristice intențiilor fundamentale ale acestor concepte plăsmuite. Ceea ce vreau ca voi să știți este că tot ce promovează societatea pe care ați construit-o sunt nonvalorile de vârf și șarlatanii. Vom discuta aceste aspecte cu amănuntul pe viitor. Iar înainte de a îți răspunde la întrebare îți adresez și Eu una:

De unde ai preluat *această mentalitate judiciar-preoțească,* atunci când Eu te-am ferit întreaga viață de aceste idei mărginite lumești? *Dumnezeu este liber, iar libertatea Îl definește pe Dumnezeu.* Cum veți reuși să vă continuați călătoria spre a deveni ca Dumnezeu câtă vreme alegeți să vă supuneți omului? Voi alegeți să vi se impună, crezând că alegeți pentru binele vostru sau că Îl mulțumiți pe Dumnezeu. Oare nu de-a lungul istoriei legilor cu cât vi s-a impus mai drastic și ați fost amenințați mai dur, cu atât v-ați împotrivit mai tare, încălcând cu prețul vieții legile smintite omenești? Ați transformat paradisul impus în conflicte, crime și războaie globale. Tot așa procedați și astăzi și veți repeta istoria până în ziua în care veți muri, căci sistemele umane vă amăgesc.

Spuneți „tutunul dăunează grav sănătății", la fel se întâmplă și cu alcoolul, dar cu toate acestea consumul se mărește de la an la an. Tinerii de astăzi se străduiesc să obțină slujbe cât mai bine plătite sau profituri cât mai mari, pentru a cumpăra cât mai mult tutun și alcool, moarte, considerând că în felul acesta vor trăi mai plăcut. Vă irosiți nopțile accelerând îmbătrânirea, apoi gândiți că tinerețea este prea scurtă, iar anii nu vi-i înapoiază nimeni. Însă frica e dăunătoare vieții, ea accelerează îmbătrânirea și provoacă îmbolnăvirea.

Adevărat vă spun, dacă aţi putea auzi asemeni unui mesaj de atenţionare ataşat gândurilor voastre rezultatul deciziilor voastre, el ar fi: dacă tinereţea este atât de scurtă, măcar să o irosim.

Tot ceea ce faceţi vă denigrează, lucrează împotriva voastră şi provoacă degradare şi autodistrugere. Aşa cum v-am spus, vă întoarceţi împotriva esenţei care sunteţi fiindcă nu vă cunoaşteţi. *Iar atunci când vă negaţi provenienţa, răzvrătindu-vă împotriva Mea, vă negaţi pe voi, răsculându-vă împotriva greşelilor voastre. Voi sunteţi liberi, nimeni nu v-a impus, voi v-aţi impus înainte de a vă da seama că de fapt eraţi liberi. La rândul vostru nu impuneţi nici voi altora, ca să fiţi desăvârşiţi precum Tatăl vostru este.*

În ceea ce priveşte eliminarea regulilor şi dezlegarea minţilor da, este adevărat, oricine poate să facă orice. Acest mesaj va încuraja masele să facă ce vor. Totuşi nu îţi face griji în privinţa haosului. Cei care vor caută altceva faţă de ceea ce au fost învăţaţi, cei care vor fi interesaţi să cunoască şi vor ajunge să citească până aici, Mă vor fi cunoscut deja, cunoscându-se pe ei înşişi. Şi chiar dacă îşi vor oferi libertate totală nu vor reveni la vieţile lor trăite în minciună, fiindcă nu vor mai putea. Dar cei care nu sunt încă pregătiţi, care sunt predispuşi la recădere, vor lăsa cartea din mână încă de la pagina unsprezece a acestui dialog. La sfârşit cu toţii vor înţelege că dacă vor dori să devină Asemeni Creatorului lor îi voi ajuta să devină, iar dacă vor dori să devină altceva decât Creatorul lor îi voi aştepta până când se vor răzgândi. *Îi voi aştepta până vor înţelege natura lor şi faptul că sunt conectaţi la o Sursă atotputernică care îi ghidează pe întreaga durată a vieţilor lor. Această Sursă are o singură intenţie, cea de a oferi fără a aştepta ceva în schimb.*

Nu te îngrijora în privinţa celor ce vor accepta sau nu ideile tale. Cu toţii se vor minuna de cuvintele tale şi vor lăuda înţelepciunea Mea, şi milioane de oameni vor citi cărţile tale, vrând să Mă cunoască. Te vor întreba de Mine şi vor dori să Mă asculte, curioşi să afle cât mai mult. Aceasta fiindcă oamenii nu au habar câte am pregătit pentru ei.

Iată că scopul primei părţi a dialogului fost atins cu succes. Ai stârnit interes şi controverse între cei interesaţi şi ai dat naştere altor sute de întrebări. Scopul primei cărţi nu a fost cel de a oferi cât mai multe răspunsuri, ci a îi determina pe oameni să îşi pună cât mai multe întrebări. Pentru aceasta doresc să te felicit, a fost o provocare pe care ai străbătut-o cu succes, te-ai întrecut pe tine şi ai trecut la nivelul următor. Dar după cum am susţinut deja te afli abia la început, habar nu ai ce te aşteaptă în continuare. Am dorit să reconturez aspectul conținutului deoarece majoritatea nu intenționează să afle mai mult, se mulțumește cu statutul pe care îl deține.

Nici în privința celor care se vor ridica să te critice, încercând să defăimeze aceste cuvinte, să nu te îngrijorezi. Adevăr îți spun Eu ție, nu există oameni proști și oameni deștepți, există oameni și alegeri, atât.

Cei clasificați ca fiind cei mai deștepți oameni de pe planetă astăzi sunt oamenii care au ales să învețe de la alții, tu în schimb îi înveți pe alții. Prin urmare, tu nu poți urma o teorie care nu se ridică la nivelul adevărului tău. *Cu alte cuvinte, nu poți învăța de la cineva care cunoaște mai puțin decât cunoști tu. Chiar acum, aud oameni care discută între ei spunând:*

- Unele idei scoase din această carte ar fi foarte bune, însă altele nu pot fi asociate cu Glasul lui Dumnezeu, ar crea haos.

Adevărat vă spun, ideile pe care le respingeți oricât de mult le-ați analiza sunt cele mai adevărate, dar și cele mai puternice.

Cea mai mare dorință a celui care s-a numit Albert Einstein a fost să afle cum gândește Dumnezeu, restul sunt detalii. Și uite că ați aflat. Astăzi cu mulți dintre voi discut direct și față în față, literalmente, chiar așa cum citiți. Nu datorită faptului că Eu am hotărât să vă vorbesc, ci pentru că voi ați hotărât să Mă auziți.

Ajută-i pe cei care au nevoie de ajutor și trezește inimile tuturor celor care Te cheamă.

Lasă soarta lumii în seama Mea și ai grijă ca mila ta față de nedreptățiți să nu se transforme în ură sau în judecată împotriva celor care îi asupresc. Învață în schimb să îi iubești pe cei care pornesc la război, dar și pe cei care înșală sau care își păzesc și măresc visteriile, oricât ar fi de greu. În viața trăită pe Pământ voi sunteți simpli voluntari. Conștiențele înalte se dăruiesc celorlalte și le îndrumă la desăvârșire. La fel și conștiențele joase care vă ajută să vă creați ca lumină în oceanul de tenebre. Voi toți sunteți ființe creatoare și creați oportunități pentru a înainta în evoluție, ca la final cu toții să luminați lumina lui Unu.

Vreau să vă aduc la cunoștință faptul că nu am auzit Vocea Creatorului în felul în care vă imaginați că aș fi auzit-o, sub formă de sunet, vibrație. Însă cu ajutorul iubirii Sale pentru creație vom îmbunătăți aceste mesaje inovatoare și vindecă-toare, de care lumea va avea nevoie în viitor. Tot ce am reușit să scriu s-a datorat imaginației mele și a reamintirii identității pe care am primit-o, de care m-am folosit ca să reproduc Vocea Începătorului în subconștientul meu.

Dumnezeu nu a încetat niciodată să ne vorbească, noi am încetat demult din a Îl mai asculta.

Totul este aşa şi nu putea fi altfel pentru că aşa este.

Mă bucur că am reuşit să vă împrospătez percepţia ambiguă a imaginii lumii acesteia, este o onoare pentru mine să vă transmit acest mesaj. Perfecţiunea nu va fi zărită atâta vreme cât nu vom încerca să o privim, renunţând la judecată şi critică. Ceea ce faceţi de acum înainte rămâne alegerea voastră.

Ultimii ani din viaţa tatălui meu au fost deosebit de grei atât pentru el cât şi pentru familie. Rămăsese fără speranţă şi motivaţie, se izolase, stătea în dormitor saptămâni întregi fără să mănânce, din pricina bolii care i-a amărât existenţa. Până într-o dimineaţă când, copil fiind, am sărit din pat exaltat de bucurie: tata era îmbrăcat cu o cămaşă nouă, purta pantaloni eleganţi şi îşi pieptănase părul. L-am întrebat dacă în sfârşit şi-a revenit, dar răspunsul lui a fost:

- Nu, boala persistă, simt că mintea mă lasă din ce în ce, însă nu vreau să devin o povară pentru cei pe care îi iubesc. Îmbracă-te, astăzi nu te duci la şcoală, mergem la Predeal ca să vedem munţii; chiar dacă sunt bolnav eu pot să mă bucur.

În ziua aceea, la vârsta de şaisprezece ani, m-am maturizat cât pentru tot restul vieţii, iar bucuria pe care am simţit-o încă îmi mai umezeşte ochii. După plecarea lui îmi amintesc că am vrut să mor şi să nu mai fiu, dar astăzi aş muri de o mie de ori doar pentru a mai exista o dată. Fiţi binecuvântaţi toţi cei care aţi citit sau nu aţi citit această carte.

Pace vouă!

Cuvânt de încheiere

Îmi amintesc cine sunt și de ce am venit aici. Mă aflu aici ca să îmi reamintesc că exist, să realizez că sunt foarte important și că nu sunt singur, că fără mine totul este incomplet, fără noi nimic nu poate fi, căci noi facem totul să existe. Noi suntem Universul, noi suntem trupul lui Dumnezeu.

Îmi amintesc că am ales să mă nasc aici și Ți-am promis că vom vorbi. Ai spus că nu mă vei părăsi, că ai nevoie să Te cunosc și ești ceea ce ești. Mi-ai spus că voi înțelege ceea ce ești. Ai zis că Te voi auzi, că voi înțelege mult și voi crea mult, iar eu Ți-am promis că Te voi lăuda și voi crea partea mea din Tine. Mi-ai spus că vor trece anii peste sufletul meu de copil și voi rămâne la fel, voi rămâne fiul Tău indiferent ce voi face și pe unde voi rătăci. Ai spus că îmi va fi greu, că voi suferi cumplit, că voi plânge și că voi muri, dar eu zâmbind Te-am întrebat ce înseamnă să suferi?

Ai spus că suferința înseamnă atunci când Tu nu ești, atunci când rămân singur. Ai spus că voi înțelege ce înseamnă „singur". Dar pentru aceasta va trebui să mă nasc pe Pământ ca să trăiesc alături de ceilalți oameni. Și din nou am întrebat:

Susții că mai există și altcineva în afară de mine? Cum este posibil așa ceva sau cum aș putea să cred în cuvintele Tale?

Nu este nevoie să crezi, ai nevoie să te convingi. Și te vei convinge de acest lucru doar prin trăiri și experiențe materiale.

Cine sunt oamenii despre care îmi vorbești și care trăiesc pe Pământ, de unde au venit?

Oamenii alături de care vei trăi pe Pământ sunt Eu, părți din Mine și tine în dezvoltare. Este ca și cum ai intra în corpul tău și ai deveni doar o celulă, care interacționează cu alte celule, scopul fiind a le curăța și a le schimba traiectoria. Totuși Eu nu sunt doar oamenii care trăiesc pe Pământ, sunt fiecare plantă, pasăre sau animal care există acolo. Tu, de asemenea, ești tot Eu.

Ce va trebui să fac câtă vreme voi trăi pe Pământ?

Să îți amintești că trăiești ca parte individuală a Uniunii, nu ca întreg, existând în interiorul ei, bucurându-te de viața ta.

Dar nici să pleci printre oameni nu este obligatoriu, ea este alegerea ta. Nu există reguli, Eu nu am creat niciodată așa ceva. Apoi, ajuns pe Pământ, am devenit ceva și am încetat să mai fiu totul. La fel s-a întâmplat în cazul fiecărui om. Trăind în lume am cunoscut durerea, suferința și singurătatea, însă Tu nu poți să nu fi. Suferința este frică, neînțelegere, dar ea dispare atunci când descoperim dragostea. Așa că voi lupta să îndepărtez absența Ta nu să câștig fericirea și iată, Tu ești aici.

Nota cititorului

18 noiembrie 1986, anul în care avea să se nască Alberto, un om simplu și modest despre care mai târziu m-am convins că va schimba viețile multor oameni. Provenind dintr-o familie bună de romano-catolici, crescut în România, București, alături de doi părinți dedicați și alți patru frați, primește o educație socială instabilă, trăiri și experiențe care urmau a îi marca definitiv existența.

Copilăria este una frumoasă, perioadă în care jocurile și visurile se împleteau în mod perfect cu înclinația spre artele plastice, dezvoltată și manifestată sub privirile părinților și a profesorilor.

Încă de la o vârstă fragedă, pe lângă înscrierea obligatorie la școală, se înscrie și urmează cursuri creștine într-un centru organizator de seri de studiu biblic pentru copii. În felul acesta autorul reușește a aprofunda învățăturile care mai târziu aveau să îi devină singurele puncte de orientare în viață. La vârsta de aproape nouă ani însă descoperea o mulțime de evenimente necunoscute, un șir lung de experiențe neplăcute și cum copilăria se poate transforma rapid într-o amintire.

Despărțirea părinților, eveniment încărcat cu violență fizică, verbală și emoțională, care a adus cu el o durere greu de suportat, a provocat nu doar o ruptură între membri familiei, ci și de orice fel de formă de educație și integrare socială. Câțiva ani mai târziu, retras, rătăcind printre străini, părăsește împreună cu mama și frații săi locul în care s-a născut, transformat acum într-o sursă de alimentare a umilinței, a dorului și a eșecului. După aproximativ trei ani, pasat de la unul la altul, hotărăşte să se întoarcă acasă, în locul unde s-a născut şi a crescut.

Adolescenţa îi este marcată de diverse evenimente dramatice. Tânărul, cunoscând responsabilitatea, truda şi umilinţa, e nevoit să se maturizeze rapid. Fără studii, schimbând diverse posturi de muncă, de la cele mai joase până la cele mai joase, învaţă să supravieţuiască consumând minimum de resurse. Tatăl bolnav, care nu îi mai poate oferi sprijin moral şi financiar, se retrage în locul natal, lângă părinţii săi, într-un sat din apropiere de Bacău.

Confruntându-se cu o viaţă nu atât de uşoară autorul rămâne un om curajos, care crede zi de zi în visurile sale, visuri ce urmau a se materializa curând, spre uimirea tuturor celor ce l-au cunoscut şi ştiau situaţia sa.

La nouăsprezece ani, la o lună diferenţă de moartea tragică a tatălui său, se îndrăgosteşte de o tânără frumoasă alături de care trăieşte o poveste de dragoste, pură, dar care nu avea să dureze mai mult de cinci ani. După încetarea relaţiei, sătul de eşec după eşec, experienţe dureroase, nedorite, neînţelese, şi două tentative de suicid, tânărul începe a simţi din ce în ce mai intens apropierea de Dumnezeu. Regăsindu-se, revenind la înţelepciune, hotărăşte a împărtăşi oamenilor câteva idei despre ceea ce ar fi bine să nu faci cu viaţa ta. În felul acesta, fără a conştientiza, dădea naştere unui punct de vedere diferit, mai amplu şi mai înalt, al înţelegerii scopului şi al evoluţiei umane, şi descoperea Caracterul şi Voinţa divină. În primăvara anului 2012 îşi începea lucrarea prin scrierile primului volum al seriei numită „Vorbind cu Dumnezeu".

Problemele şi iluziile nu l-au doborât. Din contră, ele au creat un om cu caracter puternic şi nu doar unul cu caracter puternic, ci şi un tânăr înţelept care şi-a dezvoltat capacitatea de a înţelege că toate întâmplările trăite l-au adus exact acolo unde trebuia să ajungă, scopul fiind formarea şi desăvârşirea lui, totul însemnând conştientizarea clipei prezent, singura clipă sfântă, reală şi unică existentă.

Dezvoltându-şi abilitatea de a interpreta gânduri, înălţându-şi conştienţa, reuşeşte a asculta Însăşi Vocea (Voinţa) Creatorului, devenind aşadar un om ale cărui cuvinte sunt căutate de cei din jur, fiind una dintre puţinele persoane care în ciuda tuturor refuzurilor sau a dezamăgirilor, primite în mod repetat, continuă să transmită celorlalţi lecţia iertării.

CUPRINS

9 786068 823652